진심으로 통하는 마음
우정

진심으로 통하는 마음
우정

2008년 10월 15일 초판 1쇄 펴냄
2015년 10월 10일 초판 13쇄 펴냄

펴낸곳 | ㈜ 꿈소담이
펴낸이 | 김숙희
글 | 김경희
그림 | 장동일
표지 및 본문 디자인 | 디자인 구쯔

주소 | 136-825 서울특별시 성북구 성북동 178-2, B1
전화 | 747-8970 / 742-8902(편집) / 741-8971(영업)
팩스 | 762-8567
등록번호 | 제307-2002-53호(2002. 9. 3)

홈페이지 | www.dreamsodam.co.kr
북카페 | cafe.naver.com/sodambooks

ISBN 978-89-5689-504-8 74810
　　　978-89-5689-502-4 74810 (세트)

● 책 가격은 뒤표지에 있습니다.
● 꿈소담이의 좋은 책들은 어린이와 세상을 잇는 든든한 다리입니다.

진심으로 통하는 마음
우정

김경희 글 • 장동일 그림

소담 주니어

좋은 친구

우리는 많은 시간을 친구들과 함께 지내요. 그 친구들은 저마다 생김새, 생각, 성격이 모두 다르지요.

장난꾸러기가 있는가 하면 얌전하고 수줍음을 타는 친구도 있고, 친구들을 잘 챙겨 주는 아이가 있는가 하면 친구들을 괴롭히는 아이도 있거든요. 하지만 그들 모두 우리의 소중한 친구예요. 그렇다면 좋은 친구란 어떤 친구일까요?

나에게 듣기 좋은 말만 해 주고, 맛있는 것을 사 주고, 내 잘못까지 이해해 줄 수 있는 친구라고요? 물론 나에게 듣기 좋은 말을 해 주고 맛있는 것을 사 주는 친구도 좋은 친구라고 할 수 있어요. 하지만 사람이란 누구나 단점을 가지고 있어요. 그러므로 내가 잘못된 행동을 하는데도 내게 듣기 좋은 말만 해 주는 친구는 진짜 좋은 친구라고 할 수 없어요.

진짜 친구란 잘못이 있을 때는 조용히 타일러 잘못을 일깨워 줄 수 있어야 하고, 친구의 약점이나 비밀은 끝까지 지켜 줄 수 있어야 해요.

　좋은 친구란 친구를 항상 믿어 주고, 친구의 잘못을 조용히 타일러 고치게 하고, 기쁜 일은 함께 기뻐해 주고, 슬픈 일은 함께 슬퍼해 주는 친구랍니다.

　이런 좋은 친구가 있었으면 좋겠다고요?

　그런데 좋은 친구는 저절로 만들어지는 것이 아니라 내가 만들어 가는 거예요. 나의 행동과 노력에 따라 좋은 친구가 많을 수도 있지요. 어때요? 좋은 친구를 골라 사귀는 것보다 내가 먼저 좋은 친구가 되어 보는 것은 어떤가요?

김경희

차례

좋은 친구 8

다음에도 내 짝 할래? 14
우정이란 괴로움과 즐거움을 나누며 쑥쑥 자라는 나무

친구에게 웃는 얼굴로 말해! 37
우정이란 친구의 잘못을 작은 목소리로 말해 주는 것

우리는 진짜 친구 57
친구가 되는 데 조건은 필요 없어

친구야, 힘내! 81
우정이란 친구가 힘들 때 제일 먼저 손 내밀어 주는 것

상준이의 리더십 99
친구끼리는 통하는 거야

이젠, 혼자가 아니야 125
친구란 부족한 것은 채워 주고 넉넉한 것은 나눠 갖는 사이

다음에도 내 짝 할래?

우정이란 괴로움과
즐거움을 나누며
쑥쑥 자라는 나무

다음에도 내 짝 할래?

 오늘은 4학년 새 학기가 시작되는 첫날 아침이에요. 나는 다른 날보다 아침 일찍 일어났어요.
 누가 뭐래도 학기 첫날은 정말 설레는 날이에요. 선생님과 친구들도 새로 만나고 또 공부도 새로 시작하니까요.
 하지만 무엇보다도 날 설레게 하는 건 바로 3학년 때 우리 반에서 가장 예뻤던 수진이랑 같은 반이 되었다는 사실이에요.
 "웬일이야? 우리 민우가 깨우지 않아도 아침 일찍 일어나고?"
 "오늘은 4학년 첫날이잖아요! 이젠 공부도 열심히 할 거예요."
 "정말?"
 엄마는 못 믿겠다는 듯이 고개를 갸웃거렸어요.
 "진짜라니까요. 전 결심했어요. 아침 일찍 일어나고 또 공부도 열심히 하기로요."

엄마는 기특하다며 연신 내 엉덩이를 두들겨 주셨어요. 공부를 열심히 하겠다는 내 말 한마디에 저렇게 좋아하시다니, 나는 여태 몰랐어요.

하긴, 그동안 공부하라고 그렇게 노래를 불러도 공부하고는 담 쌓고 지내던 아들이 스스로 공부를 하겠다니 엄마가 얼마나 기뻤겠어요?

아마도 누군가 우리 엄마에게 소원을 물으면 틀림없이 '민우가 공부를 잘하는 것'이라고 말할 거예요. 엄마 소원대로 공부를 열심히 하기로 했으니 내가 효자라고요?

천만에요. 난 엄마 소원을 들어 주려고 공부를 열심히 하려는 게 아니에요.

쉿, 이건 비밀인데요. 글쎄, 수진이가 공부 잘하는 남자아이가 제일 멋지다고 하지 뭐예요?

그래서 난 결심했어요. 공부를 잘해서 수진이에게 멋지게 보이고 말 거라고요.

나는 어깨를 쫙 펴고 4학년 7반 교실로 들어갔어요.

교실에는 이미 많은 아이들이 삼삼오오 모여 떠들고 있었어요. 나는 교실을 한 바퀴 휘 둘러보았어요.

수진이의 모습이 보였어요.

나는 용기를 내서 수진이에게 다가갔어요.

"수진아, 네 옆자리에 앉아도 되니?"

"으응."

수진이는 나를 보고 씩 웃어 주었어요. 순간 나는 심장이 멈추는 줄 알았어요.

해맑게 웃는 수진이의 모습은 정말 선녀가 따로 없었거든요. 하긴 수진이는 웃는 모습뿐만 아니라 토라지는 모습도 너무 예뻐요.

어디 그뿐인가요? 새치름한 표정은 또 얼마나 예쁘다고요.

앗싸, 학기 첫날부터 수진이와 짝이 되는 행운이 찾아오다니. 정말 오늘은 운 좋은 날인가 봐요.

하지만 그 기쁨도 잠시뿐이었어요. 글쎄, 담임선생님께서 들어오시더니 키 순서대로 짝꿍을 정하신다고 하지 뭐예요?

수진이랑 짝이 된 것은 고작 10분도 안 됐는데 선생님은 정말 너무해요.

"자, 모두들 복도로 나오세요!"

친구들은 우르르 복도로 나왔어요. 누가 시키지 않았는데도 여자 아이들은 왼쪽, 남자 아이들은 오른쪽에 한 줄로 쭉 섰어요. 키가 작은 아이들은 앞으로 앞으로, 키가 큰 아이들은 뒤로 뒤로 밀려났어요.

나는 슬쩍슬쩍 수진이를 쳐다보았어요. 어느새 내 옆에는 수진이가 서 있었어요. 나는 더 이상 뒤로 밀려나지 않으려고 안간힘을 썼어요. 하지만 여자 아이들 중 하나가 앞으로 가면서 수진이가 뒤로 밀려나는 것이 아니겠어요? 그 바람에 수진이 옆에는 준호가 서게 되었어요.

나는 어떻게든 수진이와 짝이 되고 싶었어요. 그래서 친구들 몰래 발뒤꿈치를 살짝 든 다음 살금살금 준호 뒤로 가서 수진이 옆에 섰어요.

"자, 이제 자기 옆에 있는 친구가 한 달 동안 짝이 될 거예요. 모두들 사이좋게 지내도록 해요."

선생님의 말씀이 끝나자, 나는 안도의 숨을 쉬었어요.

그런데 바로 그때였어요. 내 바로 앞에 있던 준호가 나를 한번 힐끔 쳐다보고는 손을 번쩍 들지 뭐예요?

"선생님, 민우가 까치발을 했어요."

선생님은 눈을 동그랗게 뜨고 나를 바라보셨지요.

"민우, 앞으로 나와!"

할 수 없이 나는 발뒤꿈치를 내리고 선생님 앞으로 나갔어요.

"요녀석! 그렇게 뒤에 서고 싶으면 우유 좀 많이 먹고 키 좀 크지 그랬니?"

"선생님, 민우는 키가 옆으로 커서 그래요."

선생님의 말이 끝나자마자 준호가 고소하다는 표정으로 떠들었어요. 그 바람에 친구들도 모두 깔깔대며 웃었어요.

수진이랑 짝이 안 된 것도 억울한데 친구들 앞에서 망신을 주다니. 나는 너무너무 화가 났어요. 그래서 선생님이 안 보는 틈을 타서 준호의 발을 힘껏 밟았어요.

"아야! 민우, 너 빨리 사과해!"

"웬 사과?"

"발을 밟았으면 미안하다고 해야 할 거 아냐?"

"내가 일부러 그런 것도 아닌데 왜 미안하다고 하냐?"

"뭐? 네가 일부러 밟은 거 누가 모를 줄 알고?"

"증거 있냐?"

"치사한 녀석!"

"뭐라고? 내가 치사해?"

나와 준호는 동시에 소리를 높였어요.

"아니, 이 녀석들이! 둘 다 나와!"

선생님은 화가 많이 나셨나 봐요. 하지만 선생님은 더 이상 우리를 혼내지 않으셨어요.

"새 학년 첫날부터 싸워서야 되겠니? 너희 두 사람은 앞으로 한 달 동안 짝이다! 알았지!"

이렇게 해서 준호와 나는 짝이 되었어요.

수진이랑 짝이 안 된 것은 둘째 치고, 다른 남자 아이들은 모두 여자 아이와 짝꿍이 되었는데 난 이게 뭐예요? 남자 짝꿍이라니! 그것도 한 달씩이나 말이에요!

아침부터 아이들은 끼리끼리 모여 뭐가 그리 좋은지 재잘거리며 웃고 있었어요. 수진이도 짝이 된 현우랑 장난을 치며 즐거워했어요.

'현우 자리에 내가 있어야 하는데.'

수진이와 현우를 지켜보는 내 기분은 정말 착잡했어요.

나는 느릿느릿 공책을 꺼내 아침 자습을 했어요. 그런데 그때 하필 준호의 팔이 내 팔에 닿을 게 뭐예요?

'이 녀석 때문이야!'

그 순간 나도 모르게 심술이 살아났어요. 나는 힘껏 준호의 팔을 밀쳤어요. 그 바람에 준호가 옆으로 넘어질 뻔했어요.

"왜 가만히 있는 사람을 치고그래?"

"난 안 쳤어! 글씨를 쓰다가 네 팔에 닿았을 뿐이지!"

"거짓말!"

"내가 언제 쳤다고그래? 증거 있냐?"

나도 모르게 소리쳤어요. 그 바람에 반 아이들이 동시에 나와 준호를 쳐다보았어요.

"민우, 준호! 또 너희들이니? 한 번만 더 수업시간에 시끄럽게 떠들면 한 달 동안 화장실 청소다!"

선생님이 호통을 치시자, 나와 준호는 동시에 고개를 푹 숙였어요. 선생님께 잘못 걸렸다가는 정말로 한 달 내내 화장실 청소만 하게 될지도 모르거든요.

쉬는 시간이 되자, 나는 재빨리 필통에서 빨간색 색연필을 꺼내 책상 위에 줄을 쫙 그었어요.

"이제부터 이 선을 넘어오면 모두 내 거다! 알았지?"

"네 자리가 더 많잖아!"

"좋아! 똑같이 자로 재서 그리자!"

나는 자를 꺼내 책상을 똑같이 나누었어요.

"넘어오기만 해!"

"좋아! 너도 조심하는 게 좋을걸."

수업이 시작되자, 나는 선생님 말씀은 듣는 둥 마는 둥 책상만 쳐다보았어요.

그럼 그렇지, 얼마 지나지 않아 준호 지우개가 살며시 내 자리로 넘어오지 뭐예요?

"어? 지우개가 넘어왔네? 앗싸, 지우개 내 거다!"

나는 준호 지우개를 집어 들고는 '메롱' 하고 혀를 쭉 내밀었어요. 준호는 분해 죽겠다는 듯이 입술을 지그시 깨물었어요.

"앗싸, 연필도 넘어왔네."

나는 한 시간 동안 준호의 지우개 한 개와 연필 세 자루를 가져왔어요.

너무했다고요? 하지만 준호 때문에 엉망인 내 마음은 손톱만큼도 풀리지 않았어요.

한 시간이 이렇게 빨리 가기는 처음이에요. 끝 종이 울리자, 나는 콧노래를 부르며 화장실에 갔어요.

그때였어요.

"할머니, 연필 가져와! 연필 없단 말이야!"

화장실 옆 전화기 옆에서 낯익은 목소리가 들려왔어요. 준호였어요. 수진이가 그러는데 준호는 할머니와 단둘이 살고 있다더니 정말인가 봐요.

'겨우 연필 세 자루를 가지고 다녔단 말이야? 나는 일곱 자루나 가지고 다니는데.'

나는 왠지 준호에게 미안한 생각이 들었어요. 가만히 필통을 열어 보았어요. 필통 속에는 준호의 연필까지 열자

루의 연필이 가지런히 들어 있었어요. 점심시간이 끝나도록 준호의 할머니는 오지 않았어요.

"자, 자, 조용. 점심 다 먹은 사람은 알림장 검사 맡고 집에 가도 좋아!"

친구들이 하나 둘 알림장을 들고 선생님 앞에 섰어요. 나도 재빨리 알림장을 들고 나가 검사를 맡았어요. 그때까지도 준호는 제자리에 앉아 손톱만 물어뜯고 있었어요.

고개를 숙이고 앉아 있는 준호를 보는 내 마음은 이상하게도 편하지 않았어요.

'연필이 없어서 알림장을 쓸 수가 없나? 한 자루 줄까?'

필통을 만지작거리고 있는데 수진이가 다가오며 내 어깨를 툭 쳤어요.

"민우야, 학원 같이 가자. 내 가방 들어 줄 거지?"

수진이가 제 가방을 덥석 내게 안겨 줬어요. 수진이가 스스로 나랑 같이 학원을 가자고 하다니? 이런 기회를 놓칠 수가 없지요.

나는 쥐고 있던 연필을 다시 가방 속에 집어 넣고는 수진이와 영어 학원에 갔어요. 그런데 참 이상했어요. 그렇게 좋아하는 수진이랑 같이 있는데도 준호 생각만 나지 뭐예요?

'알림장 검사 맡고 집에 갔을까? 혹시 지금까지 교실에 앉아 있는 건 아니겠지?'

학원이 끝나고 집에 가는 길에 나는 자꾸 학교 쪽을 바라보았어요.

며칠 후, 체육 시간이었어요.

"자, 조별로 축구 시합을 할 거예요."

우리 반 아이들은 조를 나누어 축구를 했어요. 사실 나는 축구를 잘하지 못해요. 물론 마음은 누구보다도 잘하고 싶은데 몸이 잘 따라주지를 않아요. 그런데 준호는 마치 표범처럼 빠르게 운동장을 누비고 다니지 뭐예요?

"민우야, 이쪽이야, 이쪽."

우리 팀 우석이가 소리를 질렀어요. 우리 팀 쪽으로 공을 차려는 순간, 상대 팀에 있는 녀석 두 명이 나를 따라붙더니 한 녀석이 재빠르게 공을 빼앗아 가 버리는 게 아니겠어요?

"민우야, 네 앞에 있는 공을 뺏기면 어떡하니?"

우리 팀 아이들의 짜증 섞인 목소리가 들렸어요.

그때였어요. 다시 한 번 내게 기회가 왔어요. 내 앞으로 공이 날아온 거예요. 하지만 순식간에 상대 팀에 있던 현우가 다시 공을 빼앗아 갔어요.

그런데 이게 어떻게 된 일일까요? 현우가 공을 치고 나가려는 찰나, 준호가 내게 공을 날려 주는 것이 아니겠어요? 나는 힘껏 슛을 날렸어요.

"골! 골인!"

우와, 내가 골을 넣다니 정말 믿을 수가 없어요. 우리 팀은 나를 끌어안고 만세를 불렀어요.

내가 골을 넣은 것은 순전히 준호 덕분이었어요. 나는 준호에게 몇 번이나 '고맙다'는 말을 하고 싶었지만, 이상하게도 준호의 얼굴만 보면 쏙 들어가고 말아요.

하루는 학교에 갔더니 아이들이 준호 자리에 모여 있었어요. 나는 무슨 일인가 싶어 고개를 쭉 내밀고 쳐다보았어요. 와, 그런데 그동안 내가 그렇게 엄마한테 사 달라고 졸랐던 게임 만화책이 아니겠어요?

"쉬는 시간에만 봐야 해. 알았지."

준호가 친구들에게 신신당부를 했어요.

우리 선생님은 학교에 만화책을 가져오지 못하게 하셨어요. 만약 선생님께 들키는 날에는 만화책을 뺏기는 것은 물론 벌칙을 받아야 했거든요.

친구들은 쉬는 시간이면 화장실도 안 가고 우르르 모여 게임 만화책을 읽었어요. 나도 친구들 틈 속에서 힐끔힐끔 만화책을 훔쳐보았어요. 그날 하루, 게임 만화책 때문에 준호의 인기는 짱이었어요.

"너도 볼래?"

쉬는 시간이 끝나갈 무렵, 준호가 내게 만화책을 주었어요. 수업이 시작되었지만 만화책에 정신이 팔린 나는 무릎 위에 만화책을 올려놓고 힐끔힐끔 보았어요. 그때 언제 오셨는지 선생님이 나를 노려보고 계셨어요.

"만화책 누가 가져온 거니?"

나는 대답 대신 준호를 쳐다보았어요.

"선생님이 분명히 말했지! 만화책 가져오지 말라고!"

결국 그날 준호는 반성문 열 장에 운동장을 다섯 바퀴나 돌아야 했어요.

아, 그런데 준호가 벌을 받는 모습을 보니 왜 내 힘이 쭉 빠지는 걸까요?

'나 때문이야. 오늘은 꼭 미안하다고 말해야지.'

다음 날 아침 나는 일찍 학교에 갔어요. 그런데 수업시간이 시작되었는데도 웬일인지 준호가 오지 않았어요. 준호와 매일 티격태격하느라 정이 들었던 것일까요? 왠지 준호가 없는 교실이 텅 비어 보였어요. 첫째 시간이 끝나

고 수진이가 다가왔어요.

"민우야, 준호 오늘 왜 안 왔어?"

"몰라."

"에게게, 짝꿍이 그것도 몰라?"

수진이가 새치름한 표정을 지었어요.

"모르니까 모른다고 하지!"

나는 나도 모르게 소리를 꽥 질렀어요. 그 바람에 수진이가 몹시 놀랐나 봐요. 곧 수진이는 팩 토라져서 제 자리로 돌아가 버렸어요. 예전에는 삐치고 토라지는 모습까지도 그렇게 예뻐 보였는데 오늘은 하나도 안 예쁘게 보였어요.

오전 수업이 다 끝나 가도록 준호는 오지 않았어요. 나는 슬슬 걱정이 되었어요.

나는 틀림없이 준호가 어제 운동장을 돈 뒤 병이 난 것이라 생각했어요.

하루 종일 공부가 머릿속에 들어오지 않았어요.

그날 밤, 나는 준호가 휠체어를 타고 있는 꿈을 꾸었어요.

'다, 나 때문이야!'

다음 날 아침도 준호는 오지 않았어요.

"수진아, 너 준호 집 안다고 했지? 오늘 나랑 가 볼래?"

"그래? 일주일간 내 책가방 들어 준다면 생각해 볼게."

친구가 아파서 학교에 이틀이나 안 나왔는데 그걸 이용해서 제 이득만 보려는 나쁜 애 같으니라고! 하지만 어쩔 수 없었어요. 준호와 같은 아파트에 사는 애는 수진이뿐이었으니까요.

날이 어둑어둑해질 때까지 준호네 집에는 아무도 없었어요. 나는 할 수 없이 집으로 돌아왔어요.

다음 날 아침, 여자 아이 몇이 와글와글 떠들며 학교에 가는 모습이 보였어요. 나는 학교에 가기 싫어서 느릿느릿 걸었어요. 그런데 교실에는 이미 준호가 와 있지 않겠

어요?

"준호야, 안녕."

"응, 너도 잘 지냈어? 어제 우리 집에 왔다 갔다며?"

"으응. 그냥. 그런데 왜 이틀이나 안 나왔니?"

"사실은 이모 결혼식 때문에 시골에 갔었어."

"그렇구나, 나는 네가 병이라도 난 줄 알았잖아."

"너, 내 걱정했구나!"

"아니, 뭐 걱정했다기보다……."

나는 쑥스러워 머리를 긁적였어요.

한 달이 어떻게 지나갔는지 모르겠어요. 내일은 새 짝을 정하는 날이에요.

"이번 달에는 자기가 앉고 싶은 사람이랑 짝을 하는 거예요."

선생님이 환하게 웃으며 말씀하셨어요. 친구들은 짝이 되고 싶은 아이들과 교문 앞에서 만나 같이 교실에 들어가자는 약속을 하느라 바빴어요.

"민우야, 너랑 짝꿍해 줄까?"

수진이가 내게 물었어요.

"됐어! 난 너랑 짝꿍 안 해!"

"흥! 언제는 나랑 짝꿍 하고 싶다며? 불쌍해서 짝꿍 해 주려고 했더니만, 나도 됐거든!"

수진이는 자존심이 상했는지 툴툴거리며 제 자리로 돌아가 버렸어요.

나는 지우개를 꺼내 책상에 그어 놓은 선을 박박 지웠어요. 언제 왔는지 준호가 나를 빤히 쳐다보고 있었어요.

"이제, 이런 건 없어도 돼. 그리고…… 준호야! 미안해. 그리고 고마워!"

나는 용기를 내서 말했어요.

"짜아식, 고맙긴 뭐가 고마워!"

준호가 어깨를 툭 치며 방긋 웃어 주었어요.

"민우야, 다음에도 내 짝 할래?"

나는 대답 대신 준호를 덥석 껴안았어요.

축구도 잘하고, 만들기도 잘하고, 게다가 의리까지 있는 준호가 내게 짝이 되어 달라고 하다니!

이 기분 아무도 모를 거예요.

친구에게 웃는 얼굴로 말해

우정이란
친구의 잘못을
작은 목소리로
말해 주는 것

친구에게 웃는 얼굴로 말해

"밥알을 세고 있니? 학교 안 갈 거야?"
엄마가 꽥 소리를 질렀어요.
"입맛이 없어요. 그만 먹을래요."
나는 수저를 놓고 자리에서 일어났어요.
"학교 다녀오겠습니다."
가방을 매고 신을 신던 나는 현관 거울 앞에서 잠시 멈춰 섰어요. 거울 속에는 어느새 내가 들어가 있었어요.
새까만 피부, 툭 튀어나온 광대뼈, 사납게 치켜 올라간 눈.
"으으."
거울 속 내 모습을 본 나는 금세 기분이 나빠졌어요. 우리 엄마는 이왕이면 나를 예쁘게 낳아 주지 왜 이렇게 못생기게 낳았을까요? 하다못해 피부라도 희다면 조금은 더 예뻐 보였을 텐데.
나는 툴툴거리며 일부러 현관문을 쾅 하고 닫았어요.
"아니, 아침부터 쟤가 왜 또 저래?"

현관문 틈으로 엄마 목소리가 새어 나왔어요.

오늘따라 학교 가는 길이 멀게만 느껴져요. 길가에는 이미 피기 시작한 노란 개나리꽃이 내 기분과는 상관없이 살랑거리며 손짓을 하고 있어요. 나는 그 자리에 멈춰 서서 개나리꽃을 한참 동안이나 바라보았어요. 나만 빼고 이 세상에 있는 것들은 모두 예쁜 것 같아요.

그래서일까요?

요즘 들어 친구들과 어울려 노는 것도 싫고 수다를 떠는 것도 싫어요. 난 요즘 혼자 있는 것이 제일 좋아요. 게다가 나도 모르게 맘에 없는 말이 불쑥불쑥 튀어나오고 또 친구들과 몸만 부딪쳐도 화부터 나요. 그래서 마치 기다렸다는 듯이 사사건건 트집을 잡게 되고요.

"까르르 깔깔."

교실 문을 열자마자, 반 아이들이 유리의 책상 앞에 옹기종기 모여 있는 모습이 보였어요.

유리는 웃을 때 쏙 들어가는 보조개가 너무도 예쁜 아이예요. 우리 반에서 가장 인기 있는 아이지요. 그래서 어떤 남자 아이들은 일부러 유리 근처를 왔다 갔다 하기도 하고 또 유리를 툭 치고 도망을 가기도 해요.

　유리가 남자 아이들한테만 인기가 있는 것은 아니에요. 여자 아이들에게도 은근히 인기가 많아요. 유리가 촌스런 머리핀을 하고 와도 여자 아이들은 우르르 몰려가서 머리핀이 예쁘다며 야단이지요.

　어디 그뿐인가요? 아이들은 금세 유리를 따라 해요.

　'쳇, 쟤들은 아침부터 또 뭐가 저렇게 즐거운 거야?'

　아이들은 아침 자습 시간이 되었지만 유리의 책상에서 떨어질 줄을 몰랐어요. 마치 한 번 붙으면 여간해서 잘 떨어지지 않는 껌처럼 말이에요.

　"깜둥아, 안녕."

　언제 왔는지 장난꾸러기 경태가 아는 척을 했어요. 경태는 같은 유치원을 다닌 친구예요. 그래서 남자 아이 중에 유일하게 나랑 친한 친구지요.

　"깜둥이라고 부르지 말랬지!"

　나는 눈을 치켜뜨고 경태를 노려보았어요.

　"너, 왜 그래?"

　경태가 놀란 듯 나를 쳐다보았어요.

"내가 너한테 뚱땡이라고 부르면 좋겠어?"

"뭐? 내가 어떻게 뚱땡이니? 웃기는 짬뽕이야."

으이그, 눈치 없는 경태가 기어이 내 성질을 건드리고 말았어요.

깜둥이나 짬뽕이라는 말은 내가 가장 싫어하는 말이에요. 난 너무 화가 나서 노트를 휙 던졌어요. 경태는 능글거리며 노트를 잘도 피했어요.

"피했다 이거지?"

나는 필통과 책을 연달아 경태에게 던졌어요.

그런데 이게 웬일이에요?

재수가 없으면 뒤로 넘어져도 코가 깨진다더니, 글쎄 하필 얼굴에 맞을 건 또 뭐예요? 경태 얼굴에 상처가 나고 말았어요.

"이젠 남자 아이까지! 누가 싸움닭 아니랄까 봐!"

"맞아, 무슨 여자 아이가 저렇게 폭력적이니?"

친구들이 수군거리는 소리가 들리는 듯해요.

난 왜 이러는 걸까요? 하루도 조용히 넘어가는 날이 없어요.

화장실에서 손을 씻고 나오는데 유리가 다가왔어요.

"수아야, 너 요즘 무슨 일 있니?"

"뭐야? 넌 나한테 무슨 일이라도 생겼으면 좋겠니?"

"어쩜 넌 뭐든 화부터 내니? 화부터 내는 네 모습이 얼마나 미운 줄 알아?"

"그래! 난 못생겨서 생긴 대로 노는 거야. 됐어?"

"무슨 말이 그러니? 그럼 너보다 못생긴 난 어쩌니? 넌 나보다 훨씬 예쁘게 생겼잖아. 친구들이 널 싫어하는 건 네가 짜증을 잘 내기 때문이야. 못생겨서가 아니야!"

"친구? 누가 내 친군데? 난 아무나 친구 안 해!"

나는 큰소리를 쳤어요. 하지만 수업 시간 내내 유리의 말 한마디가 날카로운 비수가 되어 가슴을 콕콕 찔렀어요.

난 힐끔힐끔 유리를 바라보았어요. 작은 눈, 들쭉날쭉한 이빨, 낮은 코, 아무리 봐도 예쁜 구석이라고는 찾아볼 수 없는데 왜 예뻐 보이는 걸까요?

나는 한참 동안 유리에게서 눈을 떼지 못했어요. 선생님의 말씀에 열중하면서도 유리는 활짝 웃고 있었어요. 그러고 보니 난 한 번도 유리의 화난 얼굴을 보지 못한 것 같아요.

'난 왜 저렇게 웃지 못하는 걸까?'

하긴 유리와 나는 성격부터가 너무 달라요. 유리는 잘 웃고 또 뭐든지 시원시원한 아이예요. 아이들에게 양보도 잘 하고 또 뭐든 잘 주는 아이예요.

하지만 난 외동딸로 자라서일까요? 그냥 지나칠 수 있는 일인데도 꼭 집고 넘어가고 또 잘 따지는 성격이에요. 그래서 조금이라도 손해를 보는 일은 참을 수가 없어요.

'반 아이들은 날 어떻게 생각할까? 정말로 모두 나를 싫어할까?'

나는 친구들을 휘 둘러보았어요. 제일 먼저 눈에 들어온 건 현주였어요.

'현주도 날 싫어하겠지?'

현주의 얼굴 위로 며칠 전 체육 시간의 일이 떠올랐어요.

그날 우리 반 아이들은 체육 시간에 모둠별로 훌라후프 오래 돌리기 게임을 했어요.

친구들은 준비해 온 훌라후프를 가지고 열심히 돌리기 시작했지요. 몇 번 돌리다 떨어뜨린 아이도 있었고, 또 어떤 아이들은 꽤 오랫동안 훌라후프를 돌리기도 했어요.

"선생님, 누가 훌라후프를 제일 오래 돌리는지 시합해 보면 어떨까요?"

반장이 말했어요.

"좋아! 그럼 각 모둠에서 대표를 뽑도록."

우리 모둠에서 대표로 뽑힌 선수는 나와 현주였어요.

나는 심호흡을 했어요. 사실, 나는 다른 건 몰라도 훌라후프 돌리기는 자신이 있었거든요. 그런데 왜 이렇게 떨리는 걸까요?

선생님의 호루라기 소리를 시작으로 우리는 열심히 훌라후프를 돌렸어요. 시간이 갈수록 아이들은 버티지 못하고 훌라후프를 바닥에 떨어뜨렸어요. 20분이 지나면서 이제 나와 현주와 영수만 남았어요.

"와, 멋지다! 벌써 20분째야!"

아이들의 환호 소리가 운동장에 울려 퍼졌어요.

점점 허리도 아프고 다리도 아파왔어요. 하지만 나는 입을 꾹 다물고 버텼어요.

현주도 힘이 드는지 점점 얼굴빛이 발그스름해졌어요.

"28분이야."

    정아가 호들갑스럽게 말했어요. 나는 힘들어도 30분을 채우기 위해 안간힘을 썼어요. 하지만 현주의 훌라후프와 내 훌라후프가 부딪히면서 그만 내 꿈은 산산조각이 나고 말았어요.

    "그러기에 좀 옆으로 가라고 했지?"

    나는 현주에게 앙칼지게 말했어요. 현주는 아무 말도 못 하고 고개를 푹 숙였어요.

    "아유, 얄미워!"

    나는 현주에게 화풀이를 해댔어요. 세면대에서 손을 씻으면서 일부러 현주의 몸에 물을 튀기기도 했고, 또 급식

시간에 일부러 현주가 가장 싫어하는 김치를 듬뿍 얹어 주기도 했어요.

우리 선생님은 음식을 남기는 것을 가장 싫어하셨어요. 그날 현주는 훌쩍훌쩍 울면서 김치를 먹어야 했지요.

그 생각을 하니 왠지 현주에게 조금 미안한 생각이 들었어요.

다음으로 내 시선이 멈춘 아이는 영주였어요. 영주에게는 빼빼로라는 별명을 지어 주고 놀린 적이 있었어요.

화장실에서 나오다 부딪힌 선희와도 크게 싸운 적이 있었고, 피구를 하다 수정이의 공에 맞은 나는 수정이에게 기어이 복수를 한 적도 있었어요. 끝까지 쫓아다니며 수정이한테만 일부러 공을 던졌거든요.

'틀림없이 미영이도 나를 싫어하겠지?'

미영이를 본 순간 한 달 전 일이 생각났어요. 나도 모르게 침이 꼴깍 삼켜졌어요. 지금 생각해 봐도 사실 미영이에게는 내가 정말 잘못했어요. 하지만 지금까지 난 미안하다는 말을 못 했어요.

그날도 아침부터 아이들이 옹기종기 모여 있었어요.

"어머나, 정말 귀엽다~. 나도 한 번 만져 볼래."
"우와, 진짜 엄지손가락만 해. 정말 신기하다."
친구들의 목소리에 궁금증은 더욱 더 커졌어요.
'도대체 뭘 가져왔기에 저러는 거지? 엄지손가락만 한 귀여운 동물이라고? 설마 이구아나는 아니겠지?'
얼마 전, 동수가 이구아나를 가져왔을 때의 일이 생각났어요. 그날 하루 종일 아이들은 동수 곁에서 이구아나를 한 번이라도 만져 보려고 야단들이었지요.
'이구아나일까? 아니야, 이구아나라면 여자 아이들은 틀림없이 징그럽다고 만져 볼 생각조차 안 할 테니까.'
난 애써 궁금증을 참았어요. 하지만 미영이가 또 오늘은 무엇을 가지고 왔는지 무척 신경이 쓰이고 궁금했어요.
'흥, 별거 아닐 거야.'
그때였어요. 생쥐처럼 생긴 작은 동물 하나가 책상 사이로 재빠르게 돌아다녔어요. 그와 동시에 미영이의 외마디 비명소리가 들려왔어요.
"내 햄스터!"
햄스터라는 말에 내 눈이 동그래졌어요. 햄스터라면 요

즘 내가 매일 엄마한테 사 달라고 조르는 애완동물이 아니던가요?

 사실, 난 외동딸이에요. 언니도, 오빠도, 동생도 없어요. 그래서 늘 심심하고 외로워요. 난 애완동물을 사 달라고 엄마한테 매일매일 조르지만 엄마는 꿈쩍도 안 하셨죠.

 미영이의 햄스터는 마치 아이들과 숨바꼭질이라도 하는 것처럼 온 교실을 헤집고 다녔어요. 아이들은 햄스터를 잡으려고 뛰어다녔고요. 나 혼자만 애써 태연한 척 자리에 그대로 앉아 있었어요.

잠시 후, 내 책상 위로 은색 수염을 가진 엄지손가락만 한 동물이 나를 빤히 쳐다보고 있었어요.

우와, 정말 작고 귀여운 햄스터였어요.

나는 나도 모르게 손을 내밀었어요. 햄스터는 곧장 내 손바닥 위로 폴짝 올라탔어요. 그런데 내가 햄스터의 몸을 만지려는 순간, 글쎄 햄스터가 내 손가락을 깨물어 버리는 것이 아니겠어요?

"아야!"

다음 순간, 햄스터는 외마디 비명을 지르며 교실 바닥으로 내동댕이쳐지고 말았어요.

나는 햄스터에게 물린 손가락을 만지작거렸어요. 때마침 미영이가 햄스터를 주워서 안고는 내게로 다가오는 모습이 보였어요. 나는 미영이에게 일부러 햄스터를 내던진 게 아니라 손가락을 물리는 바람에 햄스터가 나가떨어진 것이라고, 미안하다는 말을 해야겠다고 생각했지요.

아, 그런데 이게 어찌된 일일까요?

미영이의 새치름한 표정을 본 순간 엉뚱한 말이 튀어나

왔어요.

"사나운 쥐새끼를 학교에 가져오면 어떻게 해?"

"뭐라고? 수아, 너 참 못됐구나. 말 못 하는 동물을 그렇게 내던져 버렸으면 미안하다고 말하는 게 먼저 아니니?"

"네 눈엔 이 상처가 안 보이니? 네 쥐새끼한테 물린 상처 말이야!"

"내 햄스터는 사람을 물지 않아!"

"그럼 내가 거짓말이라도 했다는 거야?"

"누가 너한테 거짓말을 했대? 내 말은 그런 게 아니잖아!"

"아니면 내가 네 쥐새끼를 먼저 꼬집기라도 했을까 봐!"

"너, 성격 정말 이상하구나!"

"뭐라고? 너 성격 이상한 애한테 한번 맞아 볼래?"

순간, 내 입에서 생각지도 못한 말이 튀어나왔어요. 쩌렁쩌렁 울리는 퉁명스러운 내 목소리에 좋은 구경거리라도 만난 듯 아이들이 우르르 몰려왔어요.

미영이는 한참 동안을 사시나무 떨듯 파르르 떨었어요. 때마침, 수업 시작 종이 울렸어요.

"뭐야? 고깟 쥐새끼 한 마리 가지고 유난스럽기는!"

나는 내 자리로 가기 위해 미영이를 확 밀쳤어요. 그 바람에 미영이가 책상 모서리에 몸을 부딪치고는 바닥에 주저앉았어요. 정말 아팠을 거예요. 그런데도 난 미영이에게 툴툴거리기만 했어요.

난 왜 이러는 걸까요? 반 아이들 말대로 나는 싸움을 좋아하는 아이일까요? 이상하게도 내 마음과는 다르게 툭툭 엉뚱한 말이 튀어나와요.

'친구들은 모두 날 싫어할 거야.'

나는 시무룩해져 창밖으로 고개를 돌렸어요.

그때였어요.

"자, 누구 읽기 책 46페이지 읽어 볼 사람!"

선생님의 낭랑한 목소리가 교실에 울려 퍼졌어요.

"저요, 저요!"

친구들은 서로 책을 읽겠다며 손을 번쩍번쩍 들었어요. 하지만 나는 행여나 선생님과 눈이 마주칠까 봐 고개를 푹 숙였어요.

"오늘은 수아가 한번 읽어 볼래?"

아뿔싸, 선생님은 기어이 나를 가리키셨어요. 아이들의

시선이 금세 내게로 쏠렸어요.

"자, 여러분은 친구들과 떡볶이를 함께 먹었던 일을 떠올리며 감상해 보도록 해요."

선생님께서 커다란 뿔테 안경을 치켜 올리면서 말씀하셨어요.

달콤하고 조금 매콤하고
콧잔등에 땀이 송골송골
그래도 호호거리며 먹고 싶어
벌써 입 속에 침이 고이는걸
'맛있다' 소리까지 함께 삼키면서
단짝끼리 오순도순 함께 먹고 싶어.

책을 읽는 내내 내 가슴속이 뭉클해졌어요.
수업이 끝나고 아이들이 하나 둘 모였어요.
"얘들아, 오늘 떡볶이 먹으러 갈까?"
"와, 맛있겠다."
아이들의 입에서 함성이 터져 나왔어요.

나는 가방을 매고 몰래 교실을 빠져나왔어요.

어차피 나 같은 애한테는 아무도 떡볶이 먹으러 같이 가자고 안 할 테니까요. 하지만 내 마음은 왜 이렇게 무거운 걸까요?

그때 나를 부르는 또랑또랑한 목소리가 들려왔어요.

"수아야, 어디 가니? 너도 가야지!"

경태와 반 아이들이었어요. 순간 내 가슴이 콩닥콩닥 뛰기 시작했어요.

"수아야, 미안해. 난 너랑 친하기 때문에 별명을 부른 건데 네가 싫어하면 이제 다시는 짬뽕이니 깜둥이니 하는 말은 안 할게."

떡볶이를 먹으러 가는 길에 경태가 가만히 내게 속삭였어요.

'그래, 나도 오늘은 매운 떡볶이를 먹으며 친구들에게 미안하다고 말해야겠어.'

어느새 내 눈에서는 눈물이 주르르 흘러내렸어요.

우리는 진짜 친구

친구가 되는 데
조건은 필요 없어

우리는 진짜 친구

"아야!"

엄마는 병원에 누워 있는 나를 보자마자 머리를 쥐어박았어요.

"또 학원 빼먹은 거야?"

엄마의 눈초리가 한없이 치켜 올라갔어요.

"엄만 아파서 누워 있는 아들이 걱정되지도 않아요?"

"선생님, 이왕이면 제일 아픈 침으로 놔 주세요."

엄마는 내 말에는 대꾸도 하지 않은 채 의사 선생님께 이렇게 말했어요.

'으이그, 누가 청개구리 엄마 아니랄까 봐.'

우리 엄마는 아무래도 청개구리 엄마임에 틀림없어요. 내가 하고 싶은 건 못 하게 하면서, 하기 싫은 건 억지로 하라고 하거든요.

축구만 해도 그래요. 축구를 시작하게 된 것도 모두 엄마 때문이었어요. 운동 한 가지는 배워야 한다며 억지로 떠민 것이죠. 하지만 이제 내가 축구를 너무 좋아하니까 우리 엄마의 생각이 바뀌었나 봐요. 영어 학원에 수학 학원, 과학 학원, 논술 학원까지 축구할 시간이라고는 없게 학원 등록을 하시지 뭐예요?

하지만 누가 뭐래도 내 꿈은 멋진 축구 선수가 되는 거예요. 국가 대표가 되어 월드컵에 나가서 전 세계 사람들 앞에서 멋지게 슛을 날릴 거예요.

벌써 축구 모임도 만들었어요. 우리 반 남자 아이들로 구성된 〈회오리 축구단〉이 바로 그거예요. 〈회오리 축구단〉은 아무나 들어오는 모임이 아니에요. 뭔가 하나는 잘해야 우리 모임에 들어올 수 있거든요.

예를 들어, 헤딩을 잘한다든지 양발로 리프팅을 잘한다든지 드리블을 잘하든지 뭔가 하나는 특기가 있어야 들어올 수 있어요.

하다못해 게임을 잘하거나 공부를 잘하거나 만들기를 잘해도 우리 모임에 들어올 수 있지요.

우리는 틈만 나면 운동장에 모여 축구 연습을 해요. 점심을 먹은 뒤에도 누가 먼저랄 것도 없이 우리는 운동장에 모여요. 〈회오리 축구단〉의 인기는 정말 대단해요. 심지어 축구를 못하는 현준이 같은 아이까지도 우리 모임에 들어오고 싶어 안달이거든요.

"언제는 첫째 몸이 건강해야 한다며 운동을 해야 한다더니, 이제는 공부만 하라고요?"

"그거야, 네가 축구하면서 자주 다치니까 그렇지! 네가 다치면 엄마 마음이 얼마나 찢어지는지 아니?"

"운동 하다 보면 다칠 수도 있는 거죠. 그렇게 걱정되면

방 안에 꼭꼭 가둬 두시든가요."

 사실, 엄마 마음을 모를까 봐요? 엄마는 내가 운동보다 공부를 더 열심히 하기를 원해요. 공부를 잘해야 훌륭한 사람이 된다는 거죠. 축구를 잘해도 훌륭한 사람이 될 수 있는데 엄마는 오로지 공부가 최고래요. 그래서 오늘처럼 축구를 하다 발이라도 삐는 날에는 엄마의 눈초리가 하늘 높은 줄 모르고 올라가지요.

 "엄마는 하나밖에 없는 아들이 발을 다쳤는데도 하나도

불쌍하지 않죠? 오히려 고소해 죽겠죠?"

"그래, 고소해 죽겠다! 그러기에 누가 학원 빼먹고 몰래 축구하래?"

"학원은 재미없단 말예요."

"누가 재미로 학원 다니라고 하는 줄 알아? 이게 다 네가 훌륭한 사람이 되라고 하는 일이지."

"내 꿈은 축구 선수가 되는 거라고요!"

"엄마는 너를 축구 선수로 키울 생각 전혀 없거든! 잔소리 말고 공부나 열심히 해!"

자라나는 꿈나무의 꿈을 무참히 밟는 우리 엄마, 정말 미워요.

"다시 한 번만 학원 빼먹고 축구하기만 해!"

그날 밤 엄마는 내내 짜증을 내셨어요.

우리 엄마는 이렇게 내가 한 번이라도 학원을 빼먹었다가는 펄펄 뛰어요. 게다가 들키기라도 하는 날에는 밤새도록 잔소리를 늘어놓지요. 하지만 학원 가는 건 정말 재미없어요.

"아야."

시간이 갈수록 발등이 더 심하게 부었어요.

"엄살 좀 그만 부려!"

"엄살이 아니라 정말 아프단 말예요."

"이거 큰일이네? 아까보다 더 부었잖아!"

엄마는 물수건을 가져다 찜질을 해 주었어요.

"우리 아들 큰일났네. 며칠 동안은 꼼짝 못 할 텐데 이걸 어쩌냐?"

며칠 동안 움직이지 말라는 의사 선생님의 말에 엄마는 이렇게 빈정거리셨어요.

'헤헤, 학원 가지 않아도 되고 잘됐네. 뭐.'

나는 속으로 만세를 불렀어요.

다음 날부터 나는 꼼짝 않고 방 안에만 누워 있어야 했어요. 오후에 침 맞으러 한의원에 갈 때만 빼놓고요. 하지만 하루가 지나면서 슬슬 심심해지기 시작했어요.

"지금쯤 친구들은 점심 먹고 운동장에서 축구를 하고 있겠지?"

마음은 어느새 학교에 가 있었어요. 하루가 어떻게 지나갔는지 모르겠어요.

"아이, 지루해!"

다음 날도 나는 소파에 누워 텔레비전 채널만 열심히 돌렸어요. 곧 그것도 재미없어졌어요.

'렛츠고 끝나는 날 피자 파티 하기로 했는데. 친구들은 지금쯤 피자를 먹고 있겠지?'

그런데 이상하게도 그렇게 가기 싫던 영어 학원이 슬슬 궁금해지지 뭐예요?

"지금 내가 무슨 생각을 하고 있는 거지? 그나저나 내가 아파서 학교에 결석을 했는데 이 녀석들은 코빼기도 안 보이고!"

"창기야, 침 맞으러 갈 시간이야."

상가에서 빵집을 하시는 엄마가 나를 데리러 오셨어요. 사실, 젓가락만 한 침을 발등에 주렁주렁 꽂고 있어야 한다는 것만 빼고는 병원에 가는 것도 그렇게 나쁘지는 않았어요.

한의원에서 돌아오니 동생 수진이가 색종이로 만든 축구공을 건네주었어요.

"오빠, 빨리 나오라고 오빠 친구가 이거 주고 갔어."

"친구? 하하, 틀림없이 훈이가 주고 갔을 거야!"

나는 훈이에게 전화를 했어요. 훈이는 헤딩을 참 잘하는 친구예요. 어느 방향에서 공이 날아오든지 헤딩 한 방이면 골을 넣는 건 문제없거든요.

"나야, 뭐해? 우리 집에 왔다 갔다며?"

"간 적 없는데? 나 지금 축구하러 가야 해."

훈이는 전화를 뚝 끊고 말았어요. 축구 모임 주장인 내가 발을 다쳐 축구를 할 수 없는데도 아무렇지 않은 듯 자기네들끼리 축구를 한다는 말이 이상하게 서운하게 들렸어요.

'훈이가 아니라면 누가 축구공을 가져다 주었을까?'

"아하, 정민이구나!"

정민이는 게임을 무척 잘하는 우리 반 친구예요. 나는 정민이네 집 전화번호를 눌렀어요.

신호가 가자마자 정민이가 전화를 받았어요.

"정민아, 네가 우리 집에 축구공 가져다 주었니?"

"아니. 참, 너 게임 시디 언제 줄 거냐?"

"어, 그거. 다음 주에 학교 가면 줄게."

"그래, 학교 올 때 게임 시디 꼭 가져와라!"

정민이 역시 잊지 말고 게임 시디 가져오라는 말만 하고 전화를 뚝 끊었어요.

'짜아식, 내가 얼마나 다쳤는지 궁금하지도 않나? 그깟 게임 시디만 중요하다 이거야?'

나도 모르게 심술이 났어요.

학원 가기 싫을 때마다 정민이와 나는 학원을 빼먹고 문방구에서 일주일치 용돈을 다 써가며 함께 게임을 한 적도 여러 번 있었어요.

"정민아, 오늘 학원 빼먹고 게임 한 거 너랑 나만의 비밀이야."

"좋아. 너도 절대 말하면 안 돼."

같은 비밀을 가진 친구 사이에 내가 얼마나 다쳤는지 궁금하지도 않다니 갑자기 서글퍼졌어요.

"오빠, 이 축구공 정말 잘 만들었다. 색종이 접는 솜씨가 보통이 아닌데?"

수진이가 축구공을 이리저리 굴려 보며 말했어요.

"그래. 내가 왜 그런 생각을 못했지? 고맙다!"

나는 수진이의 어깨를 덥석 잡았어요.

축구공이 색종이로 만들어졌다는 사실을 왜 나는 미처 몰랐던 걸까요? 내 친구 중에 색종이를 잘 접는 아이라면 민수밖에 없어요. 나는 반가운 마음에 민수에게 전화를 했어요.

"뭐? 난 축구공 같은 건 접을 줄 모르는데?"

민수의 대답은 정말 뜻밖이었어요.

현웅이도 동훈이도 모두 아니었어요.

'그럼 도대체 누가 색종이 축구공을 가져다 놓은 것일까?

다음 날 아침 나는 일찍 일어났어요.

"설마 학교 가려는 건 아니겠지? 오늘은 무리야. 어제보다 발등이 더 부었잖니. 내일이 토요일이니까 이번 주는 집에서 쉬렴."

"어제 하루 학교, 학원 모두 빼먹었는데 어떻게 오늘까지 빼먹어요?"

"아이구, 그러셔? 우리 아들 특기가 몰래 수업 빼먹는 거 아니었나?"

엄마의 얼굴이 금세 장난꾸러기처럼 변했어요.
"아들이 공부 좀 하겠다는데 그렇게 빈정거릴 거예요?"
나는 침대 모서리를 붙잡고 간신히 일어섰어요.
"아야."
하지만 아직 걷는 건 무리인 듯해요.
"점심 때 엄마가 올 테니까 그동안 좀 쉬어."
"심심하단 말예요. 나도 가게 따라가면 안 될까요?"
"심심하면 수학 문제집이나 풀든가."
엄마는 정말로 내 손에 수학 책을 쥐어 주셨어요.
하여간 공부를 밝히는 우리 엄마 정말 못 말려요.

　잠시라도 틈만 나면 공부 노래를 부르는 엄마에게 나는 두 손 두 발 다 들고 말았어요.
　보나마나 오늘 하루도 지겨울 게 뻔해요.
　'친구들은 지금쯤 무얼 하고 있을까?'
　어느새 마음은 우리 교실에 가 있었어요.
　나는 창문을 열고 밖을 내다보았어요. 공터에는 유치원생으로 보이는 서너 명의 아이들이 신나게 공놀이를 하고 있었어요.
　'친구들도 지금쯤 점심을 다 먹고 운동장에서 축구를 하고 있겠지.'
　그런데 공터의 아이들이 노는 모습이 조금은 이상했어

요. 일방적으로 한 아이에게만 공을 절대로 넘겨주지 않았거든요. 그때 아이들 몇 명이 서로 공을 빼앗으려다 기어이 한 아이가 넘어지고 말았어요. 그 아이는 이내 바닥에 주저앉아 엉엉 울기 시작했어요.

그 모습은 어쩐지 얼마 전 우리가 현준이를 따돌리던 때의 모습과 닮아 있었어요.

현준이는 〈회오리 축구단〉에 무척이나 들어오고 싶어 하는 아이예요. 하지만 솔직히 잘하는 것이라고는 없는 평범한 현준이를 우리 팀에 넣고 싶은 마음은 손톱만큼도 없었어요.

"넌 잘하는 게 뭐 있냐?"

우리는 누가 먼저랄 것도 없이 현준이에게 이렇게 물었어요.

"저, 그게…… 아무 것도 없는데."

현준이는 고개를 푹 숙였어요.

잘하는 것이라곤 하나도 없는 주제에 감히 우리 〈회오리 축구단〉에 끼고 싶어 하다니 우리는 어이가 없었어요.

"그럼, 너네 부자냐?"

"아니."

"얌마, 우리랑 친구가 되려면 한 가지 정도는 잘할 줄 아는 게 있어야지. 아니면 키라도 크던가."

그러자 현준이의 눈에서 이내 눈물이 그렁그렁 고였어요.

순간 내 마음이 찡해졌어요. 뒤이어 눈물에 약한 내 입에서 생각지도 못한 말이 튀어나왔어요.

"그럼, 한 달 동안 너 하는 거 봐서 끼워 줄게."

"뭐야? 창기 너, 그러는 법이 어딨냐? 누구는 되고 누구는 안 되다니."

훈이가 나를 쏘아보며 말했어요.

그때 조마조마하게 친구들 눈치를 살피던 현준이가 결심한 듯 입을 열었어요.

"한 달 동안 내가 너희들 책가방도 들어 주고 심부름도 모두 해 줄게. 그때까지 날 지켜봐주면 안 될까?"
　현준이의 말에 우리는 모두 아무 말도 할 수 없었어요.
　그 뒤로 현준이는 우리 오총사 뒤를 쫓아다니면서 온갖 궂은 일을 다 했어요. 축구공을 챙기는 일부터 땀을 닦는 수건과 마실 물을 챙기는 일까지 모두 현준이 차지였어요.

　한의원을 다녀온 나는 피곤함에 잠시 잠이 들었어요.
　꿈속에서, 그렇지 않아도 작은 현준이의 키가 친구들의 가방을 들어 주느라 난쟁이처럼 작아져 버렸어요.
　"이게 모두 너희들 때문이야!"
　난쟁이가 된 현준이가 내 멱살을 붙잡고 막 흔들었어요.
　"놔! 이거 놓으란 말이야!"
　나는 현준이의 손아귀에서 벗어나려고 애를 썼어요. 하지만 그럴수록 현준이는 더욱 더 세차게 나를 흔들었어요.
　"오빠, 무슨 잠꼬대를 그렇게 해?"
　수진이가 나를 흔들어 깨웠어요.
　"아, 꿈이었구나!"
　잠시 후, 내 방문이 벌컥 열렸어요. 엄마였어요.

"네 친구라면서 이걸 주고 가는구나. 학교 소식지와 다음 주에 있을 독서 골든벨 예상문제래. 이건 월요일 준비물 적은 것이고."

"엄마, 이거 누가 주고 갔어요?"

"글쎄, 나도 처음 보는 아이던데."

"누구지?"

"오빠, 어제 색종이 축구공 가져온 그 오빠야."

"어떻게 생겼든?"

"얼굴은 좀 까무잡잡하고 빼빼 마른 오빠였어. 아, 참 키가 되게 작더라!"

수진이가 일러준 생김새가 어쩐지 현준이 같았어요.

'설마 현준이는 아니겠지?'

"오빠, 이 오빠야!"

수진이가 운동회 때 찍은 사진을 가리키며 말했어요. 수진이가 가리킨 아이는 바로 현준이었어요. 순간 알 수 없는 기분이 들었어요.

그동안 내가 현준이를 얼마나 무시했던가요? 그런데도 현준이는 변함없이 이것저것 나를 챙겨 주다니. 현준이

집은 길 건너 주택가라고 들었어요. 매일 우리 집을 들렀다 가려면 한참을 걸어야 했을 거예요.

새삼스레 현준이의 키가 한 뼘은 커 보였어요. 현준이는 나와는 비교도 할 수 없을 만큼 마음이 넓은 아이였던 거예요.

그러고 보니 얼마 전 동훈이가 장염에 걸려 일주일간 병원에 입원했을 때도 매일 찾아가 문병을 했다고 들었어요. 바로 옆 동에 사는 나도 그러지 못했는데 현준이는 참 대단한 아이인 것 같아요.

젓가락만한 큰 침 때문이었을까요? 일요일 아침에는 한결 거뜬해졌어요.

"엄마, 이것 보세요. 이젠 걸을 수 있어요."

나는 절뚝거리며 우리 팀들이 축구 연습을 하던 공터까지 걸어갔어요. 내 예상대로 〈회오리 축구단〉 아이들은 이미 축구를 하고 있었어요. 훈이의 현란한 헤딩 솜씨와 동훈이의 멋진 양발 리프팅이 단연 돋보였어요. 잠시 후 연습이 끝났는지 현준이가 음료수 병을 친구들에게 나눠 주고 있었어요.

"창기다!"

나를 본 친구들이 환한 얼굴로 소리쳤어요.

"창기야, 다음 주에 7반하고 시합하기로 했는데 뛸 수 있겠어?"

"이제 축구해도 된대?"

"난 당분간 축구는 못 해."

"그럼, 어떻게 하지? 두 달 동안이나 기다려 온 시합을 포기할 수도 없고."

친구들은 이내 시무룩해졌어요.

"포기하긴 왜 포기해! 나 대신 현준이가 선수로 뛰면 되잖아."

내 말에 친구들의 눈이 동그래졌어요.

"말도 안 돼! 쟤를 우리 팀에 끼워 주자고?"

"말이 안 되긴 뭐가 안 돼!"

"그러는 법이 어딨냐? 우린 오총사야. 아무나 친구로 받아들일 순 없어!"

"친구가 되는 데 조건은 필요 없어!"

나는 딱 잘라 말했어요.

잠시 후, 동훈이도 진지하게 내 말에 맞장구를 쳤어요.

"맞아, 현준이와 우리는 모두 축구를 좋아한다는 공통점만으로도 친구가 되기에 충분해."

나와 동훈이가 강하게 나가자 이내 다른 아이들도 고개를 끄덕였어요.

"하긴 그래! 친구가 되는 데 무슨 조건이 필요하겠어?"

"그럼 오총사는 어떻게 하고?"

"이제부터 육총사 하면 되지."

친구들의 말을 들은 현준이의 얼굴이 이내 밝아졌어요.

"나도 이제부터 너희들의 진짜진짜 좋은 친구가 되도록 노력할 거야."

현준이가 수줍게 말했어요.

"진짜 친구라고? 정말 멋진데? 그럼 이제부터 우린 진짜 친구다!"

동훈이가 밝게 웃었어요.

현준이는 육총사가 된 기념으로 멋지게 슛을 날렸어요.

"슛, 골인!"

현준이가 찬 축구공은 어느새 우리들의 닫힌 마음의 골

문을 뚫어 버렸어요.

　그 후 우리는 육총사가 되어 멋지게 공터를 누볐어요.

　우리 엄마는 어떻게 되었느냐고요?

　예전처럼 기를 쓰면서 축구하는 것을 말리지는 않으세요.

　하지만 내가 가끔 학원을 빼먹기라도 하는 날이면 여전히 밤새도록 잔소리를 하신답니다.

친구야 힘내!

우정이란 친구가 힘들 때
제일 먼저 손 내밀어 주는 것

친구야, 힘내!

　한 달 내내 장대 같은 비가 계속 내리더니 오랜만에 비가 그쳤어요.
　"와, 비가 그쳤다."
　창가에 앉아 있던 샛별이가 소리쳤어요.
　"정말이네?"
　"아, 눈부셔!"
　반 아이들이 우르르 창가로 몰려들었어요.
　점심을 먹은 아이들은 누가 먼저랄 것도 없이 운동장으

로 뛰쳐나갔어요. 아이들은 넓은 운동장을 뛰어다니며 신나게 놀았어요. 여자 아이들은 끼리끼리 앉아서 공기놀이를 하고 있었고요.

눈부신 햇살 사이로 허리까지 땋아 내린 슬아의 뒷머리가 찰랑찰랑 빛났어요.

"어? 오늘은 슬아와 샛별이 모두 머리를 땋고 왔네?"

순간, 한동안 잠잠하던 내 장난기가 발동했지 뭐예요?

나는 슬아와 샛별이의 기다랗게 땋은 머리를 몰래 묶었어요.

나는 슬아에게 "선생님께 가 봐!"라고 말할 참이었어요. 그런데 바로 그때 끝 종이 치지 않겠어요? 다음 순간, 슬아와 샛별이가 동시에 일어나 교실로 뛰어가려다 둘 다 넘어지고 말았어요.

"앗, 피다!"

슬아의 무릎에서 새빨간 피가 흘렀어요.

"아앙."

슬아와 샛별이가 이내 눈물을 터뜨렸어요.

누가 금세 선생님께 고자질을 했는지

선생님께서 놀란 얼굴로 뛰어 오셨어요.

"누가 이런 장난을 했니?"

아이들은 모두 꿀 먹은 벙어리처럼 잠자코 있었어요. 하지만 아이들 모두 나만 쳐다보는 게 아니겠어요? 선생님은 눈치 채셨다는 듯이 혀를 끌끌 차셨어요.

"최동수, 어쩜 넌 그렇게 못된 짓만 골라서 하니?"

"전, 심심해서 장난……."

"안 되겠다! 오늘 계단 청소는 동수 너 혼자 해!"

선생님의 불호령에 조금 전까지도 장난 가득하던 내 얼굴이 시무룩해졌어요.

"못된 동수 녀석, 쌤통이다!"

여자 아이들이 모여서 수군거렸어요.

계단 청소는 내가 가장 싫어하는 것이에요. 선생님은 욕하거나 싸움을 하는 아이들에게 곧잘 계단 청소를 시키셨어요.

구정물이 줄줄 흐르는 냄새 나는 대걸레를 들고 청소를 할 생각을 하니 정말 끔찍했어요. 더구나 지금은 장마철이잖아요. 대걸레 냄새가 얼마나 싫다고요.

하긴, 어떤 선생님은 잘못을 하면 매부터 때린다는데 그거에 비하면 계단 청소는 아무것도 아니지만요.

나는 어떻게든 계단 청소를 하지 않으려고 머리를 굴렸어요. 그때 생각난 것이 있었어요. 좀 전에 창훈이가 상우한테 나쁜 욕을 했거든요. 우리 선생님은 친구에게 나쁜 욕을 하는 것을 무척 싫어하셨어요.

"선생님, 좀 전에 창훈이도 상우한테 욕했는데요."

그런데 이게 어찌된 일일까요?

선생님은 창훈이를 말없이 잠시 바라보시다가 이내 얼굴을 찌푸리셨어요.

"일러바치는 것은 사내답지 못한 일이야!"

"하지만 창훈이도……."

내가 우물거리며 말하자 선생님은 더 이상 듣고 싶지 않다는 듯이 휙 돌아서서 슬아와 샛별이를 데리고 양호실로 가버렸어요.

"못된 녀석! 약한 여자 아이들이나 괴롭히고!"

하늘이가 나를 쏘아보며 말했어요.

아이 참, 왜 모두들 나한테만 이러는 거죠?

사실 내가 조금 장난이 심한 건 인정해요. 우리 엄마도 내가 못 말리는 장난꾸러기래요. 하지만 우리 엄마는 내가 장난치는 모습도 사랑스럽고 예쁘다던데.

 아이들이 모두 교실로 들어간 뒤에도 창훈이는 나를 물끄러미 바라보았어요. 오늘따라 창훈이 녀석이 정말 얄미워 보여요.

 그러고 보니 창훈이는 참 이상한 아이예요. 친구들과 어울

려서 놀려고도 하지 않고 선생님이 불러도 쳐다보지 않아요.
 늘 혼자서 수학책을 가지고 놀아요. 덕분에 수학은 정말 잘해요. 선생님은 창훈이가 수학 천재래요.
 하지만 가끔은 친구들과 놀고 싶어 하는 것 같기도 해요. 친구들 주위를 어슬렁거리거나 쫓아다니기도 하거든요.
 언젠가 한번은 내 옷자락을 붙잡고 귀찮게 한 적도 있었어요. 창훈이 표정이 나랑 놀고 싶어 하는 것 같았지만 난 애써 모른 척했어요. 선생님이 예뻐하는 창훈이와 괜히 비교당하는 게 싫었거든요.
 나는 툴툴거리며 구정물이 질질 흐르는 대걸레를 들었어요.
 "우욱, 냄새!"
 곰팡이 냄새 비슷한 악취가 코를 찔렀어요. 나는 코를 막은 채 대걸레를 밀고 다녔어요. 대걸레가 지나간 자리에는 길이 생겼어요. 한 줄 두 줄, 대걸레가 쉴 새 없이 많은 길을 만들었어요. 줄 여러 개가 합쳐서 넓은 길도 만들었어요. 나는 어느새 놀이에 빠져 있었어요.
 언제 왔는지 창훈이가 쪼그리고 앉아 내가 청소하는 모

습을 가만히 바라보았어요.

잠시 후 창훈이는 대걸레가 지나간 길을 피해 사방으로 뛰어다니는 것이 아니겠어요?

'쟤, 뭐하는 거야.'

그러다 그만 '꽈당' 하고 넘어지고 말았어요. 나는 얼른 달려가서 창훈이를 일으켜 주었어요. 그 순간 창훈이가 내가 잡고 있던 대걸레를 뺏는 게 아니겠어요?

"이리 내놔!"

나는 창훈이가 들고 있던 대걸레를 뺏으려고 했어요. 그러자 창훈이가 갑자기 대걸레를 들고 자기 머리를 때리는 것이었어요. 순식간의 일이었어요.

"뭐 하는 짓이야?"

선생님이 화난 얼굴로 나를 노려보셨어요.

"저, 그게 창훈이가 대걸레를 뺏어 자기 머리를 때렸어요."

선생님의 시선이 내 손에 멈췄어요.

맙소사, 대걸레는 이미 내 손에 쥐어져 있었어요.

"선생님, 제가 그런 게 아니에요. 창훈이가 스스로 그런 거라고요."

나는 애처롭게 말했지만 선생님은 더 이상 내 말을 들으려 하지 않았어요.

"최동수! 이젠 거짓말까지, 너 정말 나쁜 아이구나!"

선생님은 정말 화가 나셨나 봐요. 이제 나랑 눈도 마주치지 않으려 했어요.

"저런, 멍이 들었네. 큰일날 뻔했구나!"

선생님은 창훈이를 감싸면서 교실로 들어가 버리셨어요. 정말로 내가 그런 게 아니라 창훈이가 스스로 대걸레로 자기 이마를 내리친 건데.

"선생님, 청소 다 끝났는데요."

"됐어, 가 봐!"

선생님은 나를 쳐다보지도 않고 쌀쌀맞게 말씀하셨어요. 힘없이 가방을 메고 나오는데 창훈이가 나를 보며 씩 웃어보였어요.

"창훈이 어머님, 죄송합니다. 네. 네……."

등 뒤로 선생님이 창훈이 엄마와 전화하는 소리가 들렸어요.

알아요. 내가 장난이 조금 심하다는 것은요. 하지만 난 정말 거짓말 한 게 아닌데, 왜 선생님은 내 말을 들으려고 조차 하지 않으시는 걸까요?

'바보 같은 자식! 이게 모두 창훈이 때문이야!'

내 마음속에는 알 수 없는 분노가 이글거렸어요.

학교에서 돌아온 나는 옷도 벗지 않은 채 침대에 드러누웠어요.

'선생님은 창훈이만 예뻐하시는 게 틀림없어!'

생각해 보니 똑같이 지각을 해도 선생님은 창훈이에게만 늘 너그러우셨어요. 정수와 창훈이가 똑같이 화분을 깬 날도 정수만 벌을 받았어요.

그때도 선생님은 정수에게 변명할 시간조차 주지 않았어요. 친구에게 잘못을 떠넘기려 했다는 것 때문에요.

하긴, 선생님한테만 뭐라고 할 건 아니에요. 사실 우리 엄마도 가끔 내 말을 믿지 않거든요.

내가 마음먹고 어깨를 주물러 주려고 해도 엄마는 의심스런 눈초리로 날 쳐다보세요.

"또 뭐 해 달라는 거 있지?"

난 정말 힘든 엄마를 위해 효도 한번 하려고 했을 뿐인

데 내 진심을 믿지 못하시지요. 엄마는 내가 너무 까불대기 때문에 믿지 못하시겠대요.

사실 그때까지만 해도 난 엄마의 말을 대수롭지 않게 흘려 넘겼어요. 하지만 지금 선생님마저 내 말을 믿지 않으시는 걸 보니 그동안 내가 너무 경솔하게 지냈구나 싶은 마음이 들었어요.

'나 같은 건 필요 없어!'

이 세상에 아무도 나를 믿어 주는 사람이 없다는 생각이 들자, 갑자기 서글퍼졌어요.

그때였어요.

'따르릉 따르릉.'

전화벨 소리가 울렸어요.

"동수야, 전화 좀 받아!"

엄마가 세탁실에서 소리를 쳤지만 나는 전화를 받고 싶지 않았어요.

잠시 후, 방문이 열리면서 엄마가 들어오셨어요.

"동수야, 좀 전에 네 선생님 전화 왔었단다. 얘기 다 들었어!"

아뿔싸, 올 것이 왔구나. 나는 눈을 질끈 감았어요. 엄마 역시 내 얘기를 듣기보다 야단부터 치실 게 뻔했으니까요. 그런데 화를 내실 줄 알았던 엄마가 갑자기 나를 확 끌어안으셨어요.

"아들, 힘들었지? 선생님이 미안하대. 네 말을 믿지 못해서."

"정말요?"

참, 다행이었어요. 지금이라도 선생님께서 나를 믿어 주신다니요. 그런데 어떻게 갑자기 선생님께서 내 말을 믿어 주게 되었을까 궁금해졌어요.

저녁을 먹고 난 뒤 누군가 초인종을 눌렀어요. 어떤 아주머니가 케이크를 들고 서 계셨어요.

"네가 동수구나? 엄마 계시니?"

"네. 엄마, 손님 오셨어요."

엄마와 아주머니는 현관문 앞에서 한참 동안이나 소곤소곤 말씀을 나누셨어요.

잠시 후, 엄마가 나를 불렀어요.

"동수야, 창훈이 엄마한테 인사드려야지!"

아, 창훈이 엄마셨구나? 나는 꾸벅 인사를 했어요.
"놀랐지? 미안하구나!"
창훈이 엄마는 내 머리를 쓰다듬으시며 앞으로 창훈이랑 친하게 지내라며 내 손을 꼭 잡으셨어요. 창훈이를 잘 부탁한다는 말씀도 잊지 않으셨죠.
창훈이 엄마가 가신 뒤 우리 엄마도 창훈이는 마음이 아프니까 앞으로 잘해 주라고 신신당부를 하셨어요.
창훈이는 나랑 놀고 싶었던 거래요. 그런데 내가 놀아 주지 않자 내 관심을 끌려고 그런 행동을 했다는 거예요.
창훈이가 마음이 아프다니, 믿을 수가 없어요. 아픈 애가 수학은 왜 그렇게 잘하냐고요? 나는 수학만 생각하면 머리도 지끈거리고 마음이 아프던데.

'쳇, 마음이 아프다는 말은 모두 거짓이야!'

하지만 웬일인지 창훈이의 모습이 머릿속에서 떠나지 않았어요.

그날 저녁 나는 잠이 오지 않았어요.

'창훈이랑 친하게 지내라고 부탁을 하다니.'

히힛, 나도 모르게 웃음이 나왔어요. 창훈이 엄마는 내가 말썽쟁이에 심술꾸러기라는 사실을 모르시나 봐요. 만약 안다면 절대 내게 그런 부탁은 하지 않으셨겠지요?

그때였어요.

거실에서 TV를 보시던 엄마가 아빠에게 창훈이 엄마가 찾아온 이야기를 말씀하시는 게 아니겠어요?

"창훈이라는 아이가 자폐증세가 약간 있대요. 그래서 가끔 자기 머리카락을 뜯거나 몸을 꼬집는 행동을 한다지 뭐예요? 오늘도 창훈이가 혼자서 자기 몸에 상처를 냈나 봐요. 창훈이가 자기 엄마한테 모든 걸 얘기하더래요."

아, 이제 알았어요. 선생님이 갑자기 왜 내 말을 믿게 되었는지.

'짜아식, 그래도 의리는 있네.'

사실, 난 자폐가 뭔지 몰라요. 하지만 엄마, 아빠가 나누는 이야기를 듣는 순간 내 마음이 아파왔어요. 창훈이가 어서 마음의 병이 나아서 같이 놀았으면 좋겠다는 생각이 들었어요.

다음 날 아침, 나는 늦잠을 자고 말았어요.

나는 세수도 하는 둥 마는 둥 하고 학교로 달려갔어요.

맙소사! 교실에는 이미 선생님이 와 계셨어요. 선생님은 친구들과 싸우고 욕하는 것도 싫어하셨지만 지각 하는 것 또한 무척 싫어하셨어요.

나는 살그머니 문을 열고 들어갔어요. 그런데 이게 어떻게 된 일인가요? 선생님이 내게 환하게 웃어 주지 뭐예요?

쉬는 시간이었어요. 나는 10마리의 종이학을 접어 창훈이에게 갔어요. 장난꾸러기에 말썽이나 부리는 나랑 놀고 싶어 하는 내 친구잖아요.

"창훈아, 우리 누나가 그러는데 종이학을 천 마리 접으면 소원이 이루어진대. 내가 열심히 종이학 접어 줄 테니 너도 꼭 아픈 거 나아! 친구야 힘내!"

그 순간 창훈이가 나를 바라보았어요.

세상에나, 그동안 그렇게 불러도 한 번도 쳐다보지 않던 창훈이가 나와 눈을 맞추며 빙그레 웃어 주었어요.

 '그래, 이제 말썽꾸러기라는 꼬리표는 과감하게 떼어 버리고 오늘부터 모범생이 되는 거야.'

 수업이 시작되었지만 나는 창훈이를 위해 열심히 종이학을 접었어요.

 "최동수, 수업 시간에 뭐 하는 거야?"

 선생님이 내 곁에 와서 나를 노려보셨어요.

 "저, 그게……."

 "이젠 수업 시간에 딴 짓까지! 뒤로 가서 손 들고 반성해!"

 에이, 참!

 앞으로는 잘해서 벌칙 같은 건 받지 않으려고 했는데 결심 첫날부터 이게 뭐예요?

상준이의 리더십

친구끼리는 통하는 거야

상준이의 리더십

하하하, 우리 반 31명 중에 무려 19명이 나를 뽑아 주었어요.

이제 나는 우리 반 반장이 되었어요.

"진짜로 반장이 되었단 말이야? 이게 꿈이니 생시니?"

엄마는 도저히 믿을 수 없다는 표정이세요.

"그럼요. 약속대로 게임 가이드북 사 주셔야 해요."

"알았어. 우리 아들이 반장이 되었다는데 그깟 책 한 권 못 사 주겠니?"

그때 현관문을 열고 아빠가 들어오셨어요.

"여보, 상준이가 반장이 됐대요."

"정말이니? 축하한다! 갖고 싶은 거 있냐? 아빠가 선물해 주마."

"축하는요. 별것도 아닌 걸 갖고……."

"별게 아니라니? 반장이라면 너희 반 대표라는 소리인데 대단하지. 장하다, 아들."

"여보, 이제 보니 상준이가 우리 집 보물이었네요."

"그러게. 나도 여태까지 반장 해 본 적이 없었는데 우리 아들이 정말 대견한걸."

반장이 되었다는 말에 저렇게까지 행복해하시다니, 나는 왠지 부끄러운 생각이 들었어요.

아빠가 그러는데 대표에게는 항상 책임감이 따른대요. 또 반장이 되었다고 해서 친구들을 부려먹거나 함부로 대해서는 안 되고 솔선수범을 해야 한대요. 성격이 다른 많은 아이들의 의견을 하나로 모으기 위해서는 통솔력도 있어야 하고요.

반장이 되었다고 무조건 좋아하기만 했는데 왠지 두 어깨가 무거워지는 기분이에요.

"그런데 오빠, 오빠는 공부도 잘 못하는데 어떻게 반장이 되었어?"

동생 누리가 고개를 갸웃거리며 물었어요.

"요즘 반장은 인기가 좋아야 되는 거야. 공부만 잘하는 샌님보다는 나처럼 유머가 많은 아이를 좋아한다고! 내가 얼마나 멋진 공약을 내걸었는지 아니?"

상준이의 리더십

"맞아, 넌 어제 오빠가 연설하는 것 안 들었니? 그렇게 멋진 연설을 듣고도 반장이 안 된다면 그게 더 이상한 거지!"

'아, 그게 아닌데.'

엄마의 얘기를 듣던 내 얼굴이 빨개졌어요.

사실, 오늘 아침까지만 해도 나는 반장 선거에 나가서 아이들에게 멋진 공약을 하기 위해 정말로 열심히 준비를

했어요.

"안녕하세요. 박상준입니다. 저는 반장은 우리 반의 심부름꾼이라고 생각합니다. 제가 반장이 되면 여러분들의 힘든 일을 도맡아 하겠습니다. 제가 우리 반의 심부름꾼이 될 수 있도록 저를 밀어주십시오……."

그런데 막상 반장 선거 유세가 시작되자 막 떨리는 것이

아니겠어요?

"자, 그럼 반장 후보들의 연설을 한번 들어볼까요?"

선생님이 환하게 웃으며 말씀하셨어요.

"제 이름은 최정원입니다. 우리들은 자라나는 미래의 새싹들입니다. 공부를 잘하는 것도 중요하지만 건강하게 자라는 것이 무엇보다 중요하다고 생각합니다. 제가 반장이 되면 여러분이 건강해질 수 있도록 일주일에 한 번은 운동을 할 수 있는 시간을 만들겠습니다."

"제 이름은 박상희입니다. 제가 반장이 되면 여러분들이 쾌적한 환경에서 공부를 할 수 있도록 하겠습니다."

"저는 최승환입니다. 제가 반장이 되면 한 달에 한 번씩 여러분께 피자를 쏘겠습니다."

후보로 나온 친구들은 모두 침착하게 발표를 잘 하였어요.

내 차례가 되었어요. 그런데 62개의 눈들이 모두 나만 쳐다보고 있다는 것을 느낀 순간, 앞이 깜깜해졌어요. 머릿속은 온통 백짓장처럼 하얘졌고요.

'꼭 반장이 될 거라고 큰소리를 쳤는데 어쩌지.'

내 머릿속에는 어떻게든 반장이 되어야 한다는 생각밖

에는 없었어요.

"박상준, 뭐 하니, 시작해야지!"

선생님의 말씀에 나는 겨우 정신을 차렸어요. 잘하는 것이라고는 하나도 없는 내가 반장이 되기 위해서는 뭔가 특별한 공약을 해야 할 것 같았어요.

"저는 키도 작고 공부도 잘하지 못합니다. 하지만 여러분에게 어려운 일이 생기면 가장 먼저 달려가겠습니다. 제가 반장이 되면 여러분 대신 모든 벌을 혼자 받을 것입니다."

"와~."

친구들은 내 연설이 끝나자마자, 책상을 치고 야단이었어요.

투표 결과는 정말 의외였어요. 31명 중에 나를 찍어 준 친구가 무려 19명이나 되었거든요.

"자, 반장 선거에서 박상준 어린이가 우리 반 반장이 되었어요. 여러분들은 1학기 동안 반장을 잘 따라주기 바라고, 반장 역시 친구들에게 한 약속을 꼭 잊지 말아요."

반장 후보로 나온 아이들은 모두 어처구니없다는 표정

으로 나를 째려보았어요.

"쳇, 반장 될 자격도 없으면서……. 박상준, 넌 네 말에 책임져야 할 거야!"

승환이가 내게 쓴소리를 했어요.

"염려 마셔! 이래 뵈도 난 한 입 가지고 두 말 하지 않는 진짜 사나이라고!"

나는 큰소리를 쳤어요. 난 반장이 되었다는 사실 하나만으로도 뛸 듯이 기뻤거든요.

우리 반 아이들은 모두 착한 것 같아요. 심한 고자질쟁이도 없고, 싸움꾼도 없는걸요. 또 친구들이 싸움을 하면 말리면 되죠, 뭐.

반장은 정말로 생각보다 훨씬 멋진 일이었어요.

청소 당번은 청소를 끝내면 꼭 내게 먼저 검사를 맡았고, 친구들은 내 눈치를 슬슬 봐요.

어디 그뿐인가요?

이번 주 토요일만 해도 세 명한테 동시에 생일 초대를 받았어요. 우리 반 게임왕 현수는 내게 게임 아이템을 공짜로 주었고요. 만약 내가 반장이 되지 않았다면 어림도 없을 일이죠.

 반장이 이렇게 인기가 있다니, 역시 반장이 되기를 잘했어요. 생김새도 평범하고 공부도 보통인 내가 언제 또 다시 반장을 해 보겠어요?

 하지만 난 곧 반장에게는 리더십이 필요하고 또한 책임이 함께 따른다는 것을 배우게 되었어요.

 봄비가 추적추적 내리던 어느 날, 체육 시간이었어요.

 "오늘은 체육 선생님께서 아프셔서 학교에 나오지 못했어요. 다른 반 아이들에게 방해되지 않도록 조용히 하도록 해요."

 선생님이 잠시 자리를 비우시자, 나는 칠판 앞으로 나갔어요.

 "지금부터 떠든 아이는 선생님께 적어 내겠어."

 나는 위엄 있게 말했어요. 그때까지 수군대던 아이들이 내 말 한마디에 조용해졌어요.

 10분, 20분이 지나면서 아이들은 온몸이 근질근질하나 봐요. 몸을 비틀고 소곤소곤 짝과 이야기를 나누는 아이들이 많아졌어요. 급기야 교실은 금세 소란스러워졌어요.

"거기, 조용해!"

나는 목청껏 소리를 치며 칠판 한쪽에, 이렇게 커다랗게 썼어요.

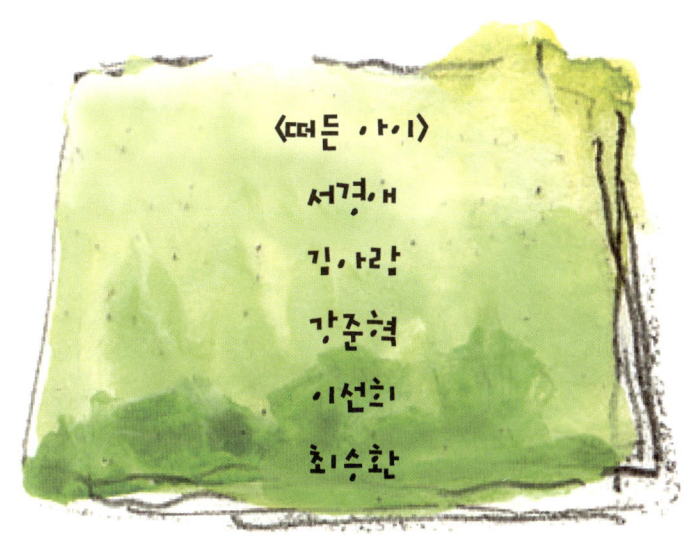

"뭐야, 반장! 이건 불공평해!"

아람이가 못마땅한 표정으로 나를 쳐다보았어요.

"난, 짝한테 수학 숙제를 물어봤을 뿐이라고! 떠든 게 아냐!"

나는 머리를 긁적이며 아람이의 이름을 지웠어요.

"나도 억울해! 준혁이가 살인방귀를 뀌었단 말이야. 반

장 너도 준혁이 방귀 냄새를 한번 맡아 보면 저절로 비명이 터져 나올걸!"

생각해 보니 경애의 마음도 이해가 갔어요. 나는 경애의 이름도 지웠어요.

"반장, 난 원래 웃음소리가 좀 커! 큰 소리로 웃는 것도 죄냐?"

선희가 눈을 동그랗게 뜨며 말했어요.

하긴, 선희의 웃음소리는 원래 커요. 수업 시간에도 종종 큰 소리로 웃곤 했지만 선생님은 아무 말씀도 하지 않으셨죠. 나는 선희의 이름도 지웠어요.

그러자 준혁이가 나에게 대들기 시작했어요.

"뭐야? 반장, 나도 억울해! 방귀가 나오는 걸 어떻게 참아! 방귀 좀 뀌었다고 허벅지를 꼬집는데 반장 너 같으면 소리 지르지 않겠냐?"

준혁이 말도 맞는 것 같아요. 나도 가끔 나도 모르게 나오는 방귀 때문에 난처했던 적이 한두 번이 아니었지요. 나는 준혁이의 이름도 지웠어요.

그때 승환이가 벌떡 일어났어요.

"반장, 핑계 없는 무덤이 어딨냐? 그런 식으로 모두 봐주면 어쩌자는 거야? 봐주려면 전부 봐주던가. 그런 식으로 누구는 봐주고 누구는 안 봐주면 누가 네 말을 들을 것 같니?"

승환이가 빈정거렸어요.

아, 승환이의 말이 맞았어요. 친구들은 내가 떠든 사람의 이름을 쓰면 하나같이 자기 이름을 지우기 위해 온갖 핑계를 댔어요. 나는 곧 지치고 말았어요.

도대체 어떻게 해야 할까요? 에라, 나도 모르겠다. 나는 더 이상 떠든 사람의 이름을 적지 않기로 했어요.

얼마 지나지 않아 교실은 아수라장이 되고 말았어요.

"너희들 지금 뭐 하는 거야?"

때마침, 교실로 들어오신 선생님은 화가 나셨어요.

"모두 의자에 올라가 무릎 꿇어!"

선생님이 무섭게 소리치셨어요.

"친구들 대신 모든 벌을 받겠다며?"

승환이가 내게 들으라는 듯이 중얼거렸어요.

아뿔싸, 나는 반장이 되면 친구들이 받는 모든 벌을 대신 받기로 했었지요.

　엉거주춤 서 있던 나는 친구들을 돌아보았어요.

　그런데 반 아이들 역시 '설마 우리와의 약속을 잊은 건 아니겠지?' 하는 눈빛으로 나만 쳐다보는 게 아니겠어요?

　"선생님, 아이들을 조용히 시키지 못한 것은 제 잘못이니 저 혼자만 벌을 받겠습니다."

　나는 말을 마치고 고개를 푹 숙였어요.

　"좋아! 반장의 책임을 다하지 못했기 때문에 오늘은 반장 혼자 벌을 받는다."

　선생님은 단호한 목소리로 말했어요.

　수업 끝 종이 칠 때까지 나는 무릎을 꿇고 의자에 앉아 있었어요. 10분이 지나자 다리가 저려왔어요. 승환이가 '어쭈, 꽤 오래 버티는데?' 하는 표정으로 나를 힐끔힐끔 쳐다보았어요.

　'뭐야, 괜히 반장이 되어가지고 벌이나 받고.'

　눈물이 나오려고 했어요. 나는 입술을 꾹 다물고 참았어요.

　'힘들어도 조금만 참자.'

　난 일부러 반장이 되어서 좋은 점을 생각했어요.

반장이 된 뒤 내게는 친구들도 많이 생겼고, 또 내가 생각해도 정말 의젓해졌어요. 예전에는 교실에서 곧잘 장난치며 뛰어다녔지만 이제는 반 대표답게 공부도 열심히 하거든요.

학교에서 돌아오니 엄마의 눈초리가 조금 이상했어요.

"박상준! 너 때문에 창피해 죽겠어!"

오늘 아침까지만 해도 내가 한없이 자랑스럽다던 엄마가 갑자기 왜 그러는 걸까요?

"너, 구걸해서 반장 됐다며! 진작 엄마한테 귀띔을 해 줬어야 할 거 아냐!"

엄마의 꿀밤이 사정없이 날아왔어요.

"엄마, 아프단 말예요."

"엄마가 오늘 당한 창피에 비하면 아무것도 아니야. 학부모 모임에 나갔다가 너 때문에 엄마는 너희들 흔히 하는 말로 새 됐어!"

"엄마는 뭘 그런 걸 갖고 그래요? 원래 선거에서 당선되기 위해서는 아이들이 좋아할 만한 공약을 해야 한다고요. 그럼 엄마는 내가 다른 아이들처럼 반장이 되면 매일

햄버거나 피자를 사 준다고 하면 좋겠어요?"

"요 녀석이 이젠 엄마에게 협박까지?"

엄마는 기가 막히다는 표정으로 나를 한참 보셨어요.

"그런데 너, 설마 친구들 대신 매일 벌 받고 다니는 건 아니지?"

엄마가 나를 찬찬히 훑어보셨어요.

"걱정 마세요."

엄마는 나 때문에 창피를 당했다고 속상해하시면서도 내가 걱정이 되기는 하나 봐요.

그날 이후에도 나는 가끔 친구들 대신 벌을 받아야 했어요. 물론 많은 아이들은 내가 자기들 대신 벌을 받기 때문에 미안해서인지 조심을 하는 듯했어요.

하지만 고만고만한 어린 아이들이 항상 아무 일도 없이 지내기란 쉬운 일이 아니었어요.

한 달도 채 지나지 않아 준혁이와 상현이가 사고를 치고 말았어요. 사고도 대형사고였어요. 장난을 치며 교실을 뛰어다니다가 창가에 올려 둔 화분을 깨뜨리고 만 것이었어요. 게다가 화분이 창쪽으로 넘어지면서 유리창에도 금이 가고 말았어요.

"어쩌지? 어서 깨진 화분을 치우자!"

"하지만 유리창은 어떻게 하지?"

아이들이 놀라 허둥대는 사이 선생님이 들어오셨어요.

"누구 짓이니?"

아이들은 꿀 먹은 벙어리처럼 모두 입을 다물었어요.

"반장! 도대체 어떻게 된 거야?"

선생님은 사건의 자초지종을 내게 물으셨어요.

준혁이와 상현이가 장난을 치다가 화분을 깼다는 말이 입안에서 뱅뱅 돌았어요. 내가 그렇게 까불지 말라고 소리를 쳤건만 준혁이와 상현이는 내 말을 듣는 척도 안 했어요.

'확, 고자질해 버릴까?'

하지만 반장이 되어서 치사하게 고자질을 할 수는 없었어요.

나는 결심을 했어요. 이왕에 벌어진 일, 반장답게 나 혼자 벌을 받겠다고요.

"선생님, 제 잘못입니다."

"네가 깼니?"

"아니오."

"그럼, 누가 그랬니?"

"더 이상 묻지 말아 주세요. 선생님께서 그러셨잖아요. 고자질 역시 거짓말처럼 나쁘다고요. 저 혼자 벌을 받겠습니다."

친구들의 시선이 내게 쏠렸어요.

"벌은 잘못한 사람이 받는 거야. 선거 공약 때문이라면 이제 그만 해도 돼."

선생님은 못마땅한 듯이 나를 쳐다보셨어요.

"저도 잘못한 것이 있습니다. 친구들이 교실에서 장난치지 못하도록 해야 할 책임을 다하지 못했습니다."

순간 선생님이 눈을 동그랗게 떴어요.

'이제 보니 우리 반 반장 정말 의젓하구나!' 하는 표정이었어요.

나는 교실 뒤로 가서 무릎을 꿇고 앉았어요.

'난 우리 반 친구들을 진심으로 친구라고 생각하는데 왜 친구들은 내 말을 잘 듣지 않는 거지? 진심은 통한다던

데……. 역시 난 반장할 자격이 안 되는 걸까? 그래, 다시는 반장 같은 건 안 할 거야.'

 내 두 눈에서 자꾸만 눈물이 나려고 해요. 난 울지 않으려고 눈을 일부러 크게 떴어요.

 그런데 그때였어요. 상현이가 쭈뼛쭈뼛 선생님 앞에 다가섰어요.

"반장 잘못이 아닙니다. 제 잘못입니다. 친구가 기분 나쁜 별명을 부르며 놀려도 참았으면 이런 일은 없었을 겁니다."

상현이는 이렇게 말하고는 내 옆에 와서 앉았어요.

"아닙니다. 제 잘못입니다. 상현이가 싫어하는 줄 알면서도 제가 별명을 불렀거든요."

준혁이도 상현이 옆으로 와서 무릎을 꿇는 것이었어요.

선생님은 말없이 그런 우리들의 모습을 지켜보고 계셨어요.

그때 승환이가 내게 다가왔어요.

"반장, 넌 앞으로 절대 대통령은 되지 마라! 네가 대통령이 되면 국민들의 죄를 모두 대신 받아야 할 거 아냐! 난 내 친구가 매일 벌이나 받는 건 싫거든!"

말을 마친 승환이가 내 옆에 무릎을 꿇었어요. 그러자 친구들이 하나 둘 무릎을 꿇기 시작했어요.

"모두 우리 탓이에요. 반장 말을 잘 들었어야 했는데 우린 사사건건 반장이 하는 일에 방해를 했어요."

친구들이 고개를 푹 숙였어요.

그런 친구들의 모습을 지켜보시던 선생님의 눈빛이 잠시 반짝였어요.

"좋아, 그럼 너희 모두 한 시간 동안 꿇어 앉아 있어."

말을 마치신 선생님은 교실을 나가셨어요.

그때 나는 보았어요.

선생님의 입가에 번지는 가느다란 웃음을요.

이젠 혼자가 아니야

친구란 부족한 것은 채워 주고
넉넉한 것은 나눠 갖는 사이

이젠 혼자가 아니야

"아유, 기분 나빠!"
"쟤들은 무슨 일만 터졌다 하면 우리부터 의심한다니까."
"맞아, 임대 아파트에 사는 게 무슨 죄야?"

민지와 수현이는 주머니에 양손을 넣은 채 투덜거리며 교문을 빠져나왔어요.

민지네 마을은 길 하나를 사이에 두고 한쪽에는 넓은 평수의 고급 아파트가, 한쪽에는 작은 평수의 임대 아파트가 들어서 있어요.

몇 년 전만 해도 이곳은 작은 연립들이 다닥다닥 붙어 있는 주택가였어요. 하지만 마을이 개발되면서 길 하나를 사이에 두고 동쪽에는 고급 아파트가, 서쪽에는 서민들이 사는 영구 임대 아파트가 지어졌어요.

민지네는 얼마 전 이곳 임대 아파트에 새로 이사를 왔어요. 시장에서 노점상을 하시는 부모님은 반쪽짜리 집이지만 우리집이 생겼다면서 무척 좋아하셨어요. 비록 넓고 좋은 집은 아니었지만 민지도 자기 방이 생겨서 얼마나 기뻤다고요.

그런데 이상한 것은 길 건너 아파트에 사는 사람들이 임대 아파트에 사는 사람들을 곱지 않은 시선으로 본다는 것이에요.

"쳇, 우리가 자기네들한테 빵이라도 달라고 했나?"

민지는 정말 이해할 수가 없었어요.

그런데 더 웃긴 건 아이들까지도 고급 아파트에 사는 아이들과 임대 아파트에 사는 아이들이 서로 나뉘어져 어울린다는 것이었어요. 아이들은 자기네들끼리 고급 아파트는 그냥 아파트라고 부르고 영구 임대 아파트는 '영구'라고 부르며 무시를 했어요.

게다가 오늘처럼 도난 사건이라도 나면 무조건 '임대 아파트'에 사는 애들 짓이라고 미리 짐작을 해 버린다는 것이었어요.

"수현아, 생각하면 생각할수록 약오르지 않니?"

민지는 좀 전의 일이 생각하면 생각할수록 약이 올랐어요.

3교시 체육 시간이 끝난 뒤, 교실에 들어오니 혜수가 방방 뛰며 난리를 쳤어요.

혜수는 고급 아파트에 사는 아이였어요.

"선생님, 누가 돈을 훔쳐 갔어요."

"얼마나 잃어버렸니?"

선생님이 난감한 표정으로 물으셨어요.

"10만 원이요. 학원비 낼 돈인데 지갑째 누가 훔쳐 갔나 봐요. 빨간 장미 무늬 지갑이에요."

혜수가 울상이 되어 말했어요.

민지는 혜수의 표현부터 기분이 나빴어요.

돈을 잃어버렸다고 말하는 게 아니라 누가 훔쳐 갔다고 확신을 하다니 기가 막혔어요.

그 말은 곧 임대 아파트 애들이 훔쳐 갔다는 말로 들렸어요.

고급 아파트 아이들은 늘 그랬어요. 연필 하나, 지우개 하나를 잃어버려도 꼭 임대 아파트 애들을 의심했지요. 아무리 임대 아파트에 살지만 연필이나 지우개 정도는 살 수 있는데 하나같이 거지 취급을 했어요.

'누가 훔쳐 간 게 아니라 네 부주의로 잃어버린 건 아냐?'

민지는 혜수에게 이렇게 말하고 싶었지만 꾹 참았어요.

민지는 저도 모르게 침을 꼴깍 삼켰어요.

"모두 눈 감아."

선생님은 애써 불편한 마음을 감추시며 말했어요.

"난 너희들을 믿지만, 혹시라도 강혜수의 돈을 가져간 아이가 있다면 조용히 손을 들어라. 사람이란 실수를 할

수도 있어…….”

　선생님은 우리에게 비밀로 할 테니 돈을 가져간 아이는 조용히 손을 들라고 말씀하셨어요.

　아이들을 의심하다니, 민지는 그 순간 선생님도 싫었어요.

　잠시 후, 선생님은 화가 나셨는지 소지품 검사를 하신다고 했어요.

　반 아이들은 모두 책가방과 주머니 속에 든 물건을 책상에 꺼내 놓았어요. 선생님은 꼼꼼히 검사를 하셨지만 결국 돈은 발견되지 않았어요.

　선생님이 실망한 표정으로 교실을 나가시자, 고급 아파트 애들이 우르르 모여서는 우리들을 힐끔힐끔 쳐다보았어요.

　“혹시 임대 애들 짓 아닐까? 쟤네들 학원 갈 돈도 없어서 학원도 안 다닌다며?”

　빛나가 우리 들으라는 듯 큰 소리로 말했어요.

　“뭐야? 너희들 지금 우리더러 들으라고 하는 소리니?”

　급기야 화가 난 민지가 대들었어요.

　“뭐? 내가 틀린 말 했니?”

빛나가 팔짱을 끼고 민지를 노려봤어요.

"우리가 돈 훔치는 거 네가 봤어?"

"꼭 봐야 하니? 임대 아파트 사는 애들은 술도 마시고 담배도 핀다며? 불량한 왕거지들."

빛나의 결정적인 말 한마디에 임대 아파트 사는 애들이 우르르 달려들었어요.

아이들은 삽시간에 뒤엉켜 싸우느라 아수라장이 되었어요.

"뭐 하는 짓들이야?"

수업을 하러 들어오신 선생님께서 버럭 화를 내셨어요.

빛나와 혜수가 선생님의 눈치를 살피며 보란 듯이 훌쩍거렸어요.

'여우 같은 지지배.'

빛나와 혜수의 모습을 본 민지의 표정이 한없이 일그러졌어요.

"반장, 무슨 일이니?"

반장으로부터 자초지종을 들으신 선생님은 빛나와 혜수를 향해 말했어요.

"친구를 무조건 의심부터 하는 것은 나쁜 짓이야. 그만

울고 자리에 앉아!"

 제자리로 가면서 빛나와 혜수가 민지와 수현이를 보며 입을 씰룩거렸어요.

 민지와 혜수에게 선생님의 시선이 멈췄어요.

 "어쨌든 친구에게 욕하고 싸우는 건 잘못이다. 너희도 그만 들어가!"

 4교시 수업시간 내내 민지는 속에서 불이 났어요.

점심 시간이 되었지만 속이 울컥거려 도저히 밥이 넘어가지를 않았어요.

아이들이 점심을 다 먹어갈 무렵, 안내 방송이 흘러나왔어요.

"오늘 오전에 운동장에서 빨간 장미 무늬가 그려진 지갑을 잃어버린 학생은 교무실로 오세요."

방송을 들은 선생님께서 혜수를 데리고 교무실로 가셨어요. 다행히 지갑 속에는 10만 원이 그대로 있었대요.

'지지배, 자기가 지갑을 잃어버려 놓고 우릴 도둑으로 의심하다니.'

민지의 가슴속에 알 수 없는 분노가 부글부글 끓어올랐어요.

"멀쩡한 사람 도둑 누명을 씌웠으면 미안하다는 말 한마디는 해야 하는 거 아냐?"

수현이가 민지에게 말했어요.

"으이그, 속 터져! 왜 이렇게 덥냐?"

민지가 손바닥으로 부채질을 했어요.

"우리, 날도 더운데 아이스크림 먹으러 갈까? 나, 오늘

용돈 받았다."

수현이가 천 원짜리 두 장을 흔들어 보였어요.

민지와 수현이는 슈퍼 앞 의자에 앉아서 아이스크림을 먹었어요.

"어린이날 행사에 우리 학교 출신 가수도 온대. 너도 알지? 정지영이라는 언니가 바로 우리 학교 출신이래."

수현이가 아이스크림을 쪽쪽 빨아 먹으며 말했어요.

"와, 지영 언니가 우리 학교 출신이었어?"

그렇지 않아도 커다란 민지의 눈이 더 커졌어요.

민지의 꿈은 가수였어요.

새벽 일찍 노점에 나가서 장사를 하시는 민지의 부모님은 밤늦게야 집에 들어오셨어요.

민지 엄마는 허리와 다리가 아프다는 말을 입에 달고 사셨지요.

민지는 유명한 가수가 되어 엄마, 아빠에게 근사한 가게도 사 드리고 외국 여행도 보내드리고 싶었어요. 그런데 민지네 학교에서도 유명한 가수가 나왔다니 희망이 생겼어요.

그때 어디선가 고함소리가 들려왔어요.

슈퍼 주인 아저씨였어요.

"너, 어디 사니? 저기 임대 아파트 사니?"

임대 아파트라는 말에 민지는 고개를 돌려 슈퍼 아저씨를 바라보았어요.

뚱뚱한 슈퍼 아저씨 앞에 예닐곱 살쯤 되어 보이는 남자아이가 손가락을 깨물며 서 있었어요.

순간, 민지의 머릿속에 얼마 전 선물 가게에서의 일이 떠오르는 건 왜일까요?

민지는 그날 친구들과 함께 친구 생일 선물을 고르고 있었어요. 그런데 선물 가게 아줌마가 다짜고짜 진주의 머리핀을 가리키며 도둑 취급을 했어요.

그 핀은 외국으로 이민을 가게 된 태준이가 민지네 반

여자 아이들 모두에게 기념으로 선물한 것이었어요. 그런데 선물 가게에 있는 똑같은 핀을 꽂고 있다는 이유 하나만으로 진주를 도둑 취급을 했지요.

"이 핀은 어제 들여와서 한 개도 판 적이 없는데 너 이 핀 어디서 났니? 훔쳤지?"

선물 가게 아줌마는 다짜고짜 진주의 머리에서 머리핀을 뺐어요. 진주가 아파 죽겠다며 비명을 질렀어요.

"아니에요. 이건 제 친구가 선물해 준 거라고요."

민지와 수현이가 거들었지만 아줌마는 거들떠보지도 많았어요.

"너희들, 저기 임대 아파트 사는 애들이지!"

"그래요. 하지만 이 핀이랑 임대 아파트 사는 거랑 무슨 상관이 있는데요?"

민지가 큰 소리로 대들었어요.

"어머어머, 어른한테 대드는 것 좀 봐! 어쩜 쯧쯧, 하나를 보면 둘을 알지."

"아줌마가 우리를 도둑으로 몰았잖아요."

"내가 괜히 그랬어? 이 핀 하나가 얼만 줄이나 아니? 만

원이야! 임대 사는 애들이 어떻게 이런 고급 핀을 하고 다닐 수가 있니?"

아줌마는 소리를 박박 질렀어요.

가게 안에 있던 사람들의 시선이 우리에게 꽂혔어요. 하마터면 진짜 도둑으로 몰릴 판이었어요.

그때 민지의 머릿속에 번뜩 떠오르는 것이 있었어요.

"아줌마, 이거 안 보이세요? 이태준이라고 써진 글씨 말이에요."

"맞네요! 여기 '진주에게 이태준'이라고 분명히 쓰여 있네요."

대학생으로 보이는 언니가 어깨 너머로 핀을 보며 말했어요.

한참 핀을 살펴보던 선물 가게 아줌마는 그제야 미안하다는 말을 했지요.

선물 가게 일이 떠오른 민지가 벌떡 일어섰어요.

"뭐 하려고? 너, 설마?"

수현이가 민지의 옷자락을 잡았어요. 수현이는 이 일에는 끼어들고 싶지 않은 모양이었어요. 하지만 민지 생각은 달랐어요. 무슨 일이든 임대 아파트에 사는 걸 이상한 눈으로 바라보는 사람들에게 똑똑하게 말하고 싶은 게 있었거든요.

꼬마는 펑펑 울고 있었어요.

"너희 집 전화번호 대! 아니면 경찰서 갈래?"

슈퍼 아저씨가 윽박질렀어요.

꼬마는 너무 놀랐는지 그 자리에서 바지에 실례를 하고 말았어요.

"아저씨, 왜 그러세요?"

민지가 물었어요.

"이 녀석이 아이스크림을 먹고 계산을 하지 않지 뭐니?"

아저씨가 숨을 할딱이며 말했어요.

"난 먹고 계산을 할 참이었다고요. 그런데 돈이 없어졌어요."

꼬마가 울먹거렸어요.

"처음부터 돈도 없었잖아?"

"아니에요. 오늘 아침에 엄마한테 돈을 받아서 분명히 여기에 넣었……."

"이런 맹랑한 녀석 좀 보게. 그럼 그 돈이 발이 달려서 도망이라도 갔다는 거냐?"

아저씨가 꼬마의 말을 가로막았어요.

민지는 주머니 속에서 꼬깃꼬깃한 돈을 꺼냈어요.

"아저씨, 이거면 되죠?"

민지가 내미는 돈을 받은 아저씨는 가게 안으로 들어가 버렸어요.

사실, 그 천 원은 내일 미술 시간 준비물인 지점토를 사려고 가지고 있던 거였어요.

"천 원을 벌려면 엄마가 콩나물을 얼마나 팔아야 하는지 아니?"

엄마의 잔소리가 귀에 들려오는 듯했어요. 하지만 마음만은 한결 가벼워졌어요.

'그나저나 엄마한테 또 뭐라고 하면서 돈을 타지?'

민지는 머리를 긁적였어요.

그때였어요.

"누나, 집 어디야?"

꼬마가 민지를 불렀어요.

"왜?"

"아이스크림 값 갚아야지."

"됐어! 이쁜 누나가 귀여운 동생한테 아이스크림 하나 선물했다고 치지 뭐!"

민지가 꼬마의 머리를 쓰다듬어 주며 말했어요.

"말해, 누나! 난 공짜는 싫어!"

"그래? 난 길 건너 임대 아파트 101동 105호에 살아. 누나 이름은 김민지야."

"오늘 저녁에 엄마한테 말해서 꼭 갚을게."

꼬마의 말을 들은 민지의 얼굴에 미소가 번졌어요.

'맹랑한 꼬마네? 그런데 진짜로 돈을 가지고 올까?'

집으로 가는 길에 민지는 빙그레 웃었어요.

그날 저녁, 민지는 혹시나 하는 마음에 현관문 쪽을 바라보았어요.

초인종 소리가 들리자 민지가 달려 나갔어요.

"어? 엄마, 아빠! 왜 이렇게 일찍 오셨어요?"

"너, 누구 기다리니? 어째 엄마를 보고도 실망하는 표정인데?"

"아니에요."

민지는 풀이 죽은 모습으로 말했어요.

"그런데 엄마 오늘 왜 이렇게 일찍 오셨어요?"

"왜긴? 물건이 모두 팔려서 일찍 왔지."

9시가 넘어갈 무렵, 초인종이 길게 두 번 울렸어요.

"누구지?"

엄마는 고개를 갸웃거리며 현관으로 나가셨어요.

"민지야, 나와 봐!"

세상에나, 오후에 슈퍼에서 만났던 꼬마였어요. 꼬마 옆에는 한눈에도 세련되어 보이는 아줌마가 커다란 과일 바구니를 들고 서 계셨어요.

꼬마가 천 원짜리 한 장을 민지 손에 쥐어줬어요. 꼬마 엄마는 고맙다는 인사를 몇 번이나 했어요.

아침부터 아이들이 아우성이에요.

어린이날 행사에서 민지네 반은 〈왕자와 거지〉라는 연극을 하기로 했거든요.

"왕자 역을 할 사람!"

선생님이 묻자마자, 아이들이 서로 왕자 역을 하겠다며 손을 높이 들었어요.

"모두들 왕자만 하겠다면 어쩌니? 안 되겠다! 그럼 거지

역을 할 사람?"

이번에는 아이들이 아무도 손을 들지 않았어요.

새침데기 혜수가 싱글거리며 민지를 보았어요.

"거지 역은 '영구' 애들이 제격 아닌가?"

순간 민지는 어이가 없었어요. 하지만 멋지게 거지 역을 해 보이겠다는 마음이 들었지요.

"수현아, 우리가 거지 역할을 멋지게 해 보이자."

민지의 말에 수현이도 고개를 끄덕였어요.

"선생님, 수현이가 엄마 거지를 하고 제가 아빠 거지를 할게요."

민지가 씩씩하게 말했어요.

"모두가 싫어하는 역을 한다고 하다니 수현이와 민지는 정말 멋진 아이로구나!"

선생님의 칭찬에 민지와 수현이의 어깨가 으쓱해졌어요.

덕분에 〈왕자와 거지〉의 배역은 쉽게 정해졌어요.

그런데 아이러니하게도 왕자와 주변 사람들은 모두 고급 아파트에 사는 아이들이, 거지와 빈민가 사람들은 모두 임대 아파트 아이들로 정해졌어요.

민지네 반 연극은 착착 준비되었어요.

연습 첫날, 왕자 역을 맡은 혜수가 민지를 보며 혀를 끌끌 찼어요.

"꼬라지가 너하고 아주 딱 어울린다, 얘."

"그러니? 고맙다! 그런데 왕자는 어디 갔니? 어째 옷만 보이네?"

민지가 입을 삐죽이며 대꾸를 했어요.

연극 연습이 끝나자 민지가 맛있어 보이는 찐 고구마를 꺼냈어요.

"너희들도 먹을래?"

"싫어. 고구마 먹으면 방귀 나온대."

혜수가 입을 삐죽이며 말했어요. 그때 혜수의 배에서 꼬르륵 소리가 요란하게 들려왔어요.

"혜수야, 네 뱃속에서 고구마 달랜다. 그러지 말고 하나 먹어!"

민지가 고구마 하나를 건넸어요. 고구마를 본 혜수의 배에서 또 한 번 꼬르륵 소리가 들렸어요.

"먹기 싫음 말고."

민지의 말이 끝나기도 전에 혜수가 고구마를 낚아채서 먹기 시작했어요.

그 뒤로 아이들은 누가 먼저랄 것도 없이 서로 간식을 준비해 와서 함께 맛나게 먹었어요.

〈왕자와 거지〉 역을 맡은 민지네 반 아이들은 정말 열심히 연습을 했어요. 가끔 왕자와 시녀 역을 맡은 고급 아파트 사는 아이들과 거지 역을 맡은 '임대' 애들의 신경전이 벌어졌지만, 그런대로 잘 지냈어요.

그런데 참 이상했어요.

매일 만나 연극 연습을 하는 사이에 정이라도 들어버린 걸까요?

고급 아파트 사는 아이들은 이제 더 이상 임대 아파트 사는 아이들에게 '영구'라고 놀리지 않았어요.

하루는 민지와 수현이가 임대 아파트에 혼자 사는 할머니들에게 봉사활동을 한다는 것을 안 빛나가 민지를 불렀어요.

"저기, 민지야, 너희들 좋은 일 한다며? 우리도 끼워 주면 안 될까?"

빛나가 조심스럽게 말했어요. 빛나 뒤에서는 혜수가 초조한 듯 지켜보고 있었어요.

"좋은 일? 너는 우리가 어떤 일을 하는지 알고 있니?"

"응. 대충은."

"너희가 생각하는 것처럼 재밌는 일은 아냐."

"알고 있어."

"너희 같은 애들이 냄새 나는 아파트에 사는 할머니들의 말동무를 할 수 있겠어?"

민지는 새치름하게 말했지만 속으로는 좋았어요.

요 근래 들어 혼자 사시는 할머니들이 부쩍 외로움을 타셨어요. 민지는 속으로 좀 더 많은 아이들이 참여를 하면 일주일에 두 번은 할머니들을 찾아갈 수 있을 거라 생각했어요.

"좋아."

민지가 시원스럽게 고개를 끄덕이자, 혜수와 빛나가 환하게 웃었어요.

"그런데 너희들이 웬일이니? 임대 아파트에 산다고 무시하고 구박할 때는 언제고."

혼자 사는 할머니들 집을 찾아가는 길에 민지가 뾰로통하게 말했어요.

민지와 아이들은 그날부터 일주일에 두 번씩 혼자 사는 할머니와 할아버지의 집을 방문하여 청소도 해 드리고 말동무도 해 드렸어요.

그러는 사이 아이들은 자연스럽게 친해졌어요. 민지와 혜수도 겉으로는 아직 조금 껄끄러워 보였지만 예전처럼 가시 돋친 말은 하지 않았어요.

혜수와 빛나는 준비물을 넉넉하게 준비해 와서 미처 준비물을 가져오지 않은 아이들에게 아무렇지 않게 나눠 주기까지 했어요.

드디어 어린이날이 되었어요.

학교 운동장에는 아이들이 정성스럽게 그린 그림으로 만든 만국기가 펄럭였어요.

민지네 학교 출신의 가수 언니의 노래가 끝나고 각 반의 장기자랑이 시작되었어요.

민지네 반에서 준비한 〈왕자와 거지〉 연극 역시 성공리에 잘 끝났어요.

연극이 끝나고 무대에서 내려오자, 꽃다발을 든 남자 아이가 민지 앞에 턱 하니 섰어요.

"누나, 이거 받아! 정말 멋졌어!"

"어? 너는 그 꼬마 아니니?"

"내 이름은 꼬마 아니야. 현수야, 강현수!"

"그래. 꼬마, 아니 현수야. 고맙다!"

"사실은 이거 우리 누나 줄려고 사 온 건데, 민지 누나 주고 싶어서 말이야."

현수가 수줍게 머리를 긁적였어요.

그때였어요.

"현수야, 너 거기서 뭐 해?"

혜수가 화들짝 놀란 표정으로 다가왔어요.

"누나."

현수가 혜수를 보며 누나라고 불렀어요.

"너네 누나니?"

"그럼 네가 말한 민지가 우리 반 민지였어?"

혜수와 민지의 시선이 마주쳤어요.

민지는 마른 침을 꼴깍 삼켰어요. 혜수도 침을 꼴깍 삼

컸어요.

"어, 저기……. 우리 현수한테 잘해 줘서 고마워!"

혜수가 수줍게 말했어요.

"뭐, 고맙긴. 네 동생이 아니었어도 그렇게 했을 텐데, 뭘."
 민지는 얼굴을 만지작거리며 기어들어가는 목소리로 말을 했어요.

"와, 누나! 이 누나랑 친구였구나!"

현수가 좋아서 팔짝팔짝 뛰었어요.

"민지 누나, 우리랑 점심 같이 먹자! 우리 엄마가 맛있는 거 진짜 많이 해 왔어!"

현수가 민지의 팔을 붙잡았어요. 민지는 혜수의 눈치를 살폈어요.

"그래, 너만 괜찮다면 우리랑 점심 같이 먹자. 마침 우리 아빤 바빠서 못 오고 엄마랑 우리만 왔거든."

"좋아, 사실 나도 엄마랑 둘이 왔어."

그날 민지네와 혜수네는 함께 점심을 먹었어요.

"엄마, 혜수 엄마가 만드신 튀김 정말 맛있어요."

민지가 새우튀김을 입에 넣으며 말했어요.

"이 김밥 너무 맛있다. 우리 엄마가 넣는 거랑 똑같은데 맛은 왜 이렇게 다를까?"

혜수도 입안 가득 김밥을 밀어 넣으며 환하게 웃었어요.

민지 엄마와 혜수 엄마도 아이들의 너스레에 마냥 행복했어요.

어린이날 행사가 다 끝나고, 학교에서 준비한 특별 이벤

트가 남았어요.

바로 '인절미 만들기' 행사였지요.

나란히 줄지어 선 책상 위로 노란 빛의 고소한 콩가루가 뿌려졌어요. 그 위로 잘 치대진 인절미가 준비됐고요.

우리는 고사리 같은 작은 손으로 콩가루를 묻혀 가며 열심히 인절미를 늘려갔어요.

1미터, 2미터, 3미터······.

뒤에서 구경을 하시던 엄마와 아빠의 손에도 땀이 절로 배었어요.

아이들이 만든 인절미는 무려 20미터 가까이 됐어요.

"와~."

아이들과 어른들이 동시에 환호성을 질렀어요.

아이들이 호흡을 맞춰 인절미를 늘리는 동안, 길 하나를 사이에 두고 하늘 높이 쳐져 있었던 마음의 담장이 허물어지기 시작했어요.

"우리 친구 맞지!"

혜수가 민지에게 수줍게 말했어요.

민지는 대답 대신 인절미 하나를 혜수 입에 넣어 주었어요. 혜수도 인절미를 민지 입에 넣어 주었지요. 다른 아이들도 친구들의 입에 인절미 하나씩을 넣어 주었어요.

　인절미를 한입 가득 베어 문 아이들의 얼굴에 기쁨이 활짝 피어났어요.